大展好書　好書大展
品嘗好書　冠群可期

大展好書　好書大展
品嘗好書　冠群可期

輪迴法則

——生命轉世的秘密

陳成玉　編著

大展出版社有限公司

序言—解開人死後之謎

輪迴（Wikipedia），佛教相信，眾生的生死像車輪不停的轉動，世上的眾生，輾轉生於六道中，生的要死，恐的會再生，只有成道的人免受輪迴之苦。六道即天道、人道、阿修羅道。是三善道，地獄道、餓鬼道、畜生道，是三惡道。

死是人生必經路程，但死神何時降臨我們身上不得而知，或許明天發生大地震，或許突然遭受到車禍或空難或身染病毒，但不管如何，我們的命運早已註定了。

對於「死」之事，我們又知多少？本書就是專門探討人死後的問題，一般人對死後的問題大多茫然無知，但得力於一些科學者及哲學家之助，使我們才能登堂入室，窺見奧秘，了解人死後之謎。

死後，有一個令人難以想像的世界，展現在我們眼前，對於在今世受苦受難，而不怨天尤人，仍堅強地生活著的人，及真正了解人生意義的善人來說，此世界是美好的。反之對那些傷害他人，無視他人生命的惡人來說，則此世界是恐怖的。

而決定人們死後優劣場所的就是「輪迴法則」，此法則是什麼呢？依據此法則，我們死後將再如何轉世呢？請詳看本書。

《薄伽梵歌》說：「人不生也不死，不曾存在過，也不會停止存在。人不生，但是是永續的，是無限的，是原始的。縱然肉體消滅了，人也不滅亡。」

人，是這個世界的匆匆過客，學會珍惜、感恩，學會用心來愛，敬重生命，看開、看懂、看透了，人生不過爾爾。

或許有人會認為這是無稽之談，而一笑置之，當然這也是你個人的自由，不過閱讀本書，將使你的觀念改變，對人死後的問題有個了解。

此書就是探究自身死後問題之鑰，只要你善用本書，悟出「輪迴法則」，則將帶給你光輝燦爛的生命。

目錄

序　言——解開人生死後之謎……三
第一章　這種體驗是真的嗎？……一一
——死而復甦者的證言
瑪麗・奧莉珍的怪奇告白……一二
飛向暗黑的漩渦中……一七
這是她幻想的嗎？……二〇
意識下的花園與天使……二三
虛無的空間、河與橋……二八
某一位醫生的告白——與瑪麗的體驗一致……三三

第二章　死後世界實際存在嗎？……三九
——科學上對於他們的「體驗」正逐漸認可
「靈媒」的疑惑……四〇
莫魯古的奇妙手記……四二
震撼人心的穆笛報告……四五
「死後的世界確實存在」——露斯女士的證言……五二
朝向更深的死後世界……五五
這是從「肉體中溢出的意識」……五七
休夏魯教授的「電波」說……六四
新的假說「普緒克」（精神子）……六八
充滿無限生命現象的宇宙……七五
我的假設—「生命子」……八〇
人死後「生命子」的行蹤呢？……八六

第三章　「生命」死後步向何處？……八九
——二千數百年前佛典指示人的轉世秘密
光與闇中的追跡……九〇
死後生命會再復甦嗎？……九六
向秘境—喜馬拉雅山的邊際探究……九九
《俱舍論》有關轉生的思想……一〇〇
精子＋卵子＋死後生命＝嬰兒……一〇三
佛典明示人的七種「識」—從感覺到潛在意識……一〇五
第八識「阿賴耶識」是什麼？……一〇七
追究死後生命的行蹤……一一〇

第四章　何謂「前世記憶」……一一五
——請聽自稱前世是他人者之語
布拉蒂・瑪菲之謎……一一六
百年前在愛爾蘭出生的嗎？……一二一
諾芭多夫人親身實驗以解過去之謎……一二六
巴基尼亞大學調查團的執念追求……一三〇
此調查結果令人懷疑嗎？……一三三
揭開「前世記憶」的秘密……一三九
轉世的組織……一四一
第五章　「輪迴＝業的法則」是什麼？……一四五
——依你生前行為來適當地轉世
「死後生命」的奇妙選擇……一四六

維吉拉多尼的報應……一五〇
輪迴法則支配一切……一五三
銘刻於生命的輪迴——「業報」……一五七
「十界」與轉世的關係……一六一
(1)地獄界……一六一
(2)餓鬼界……一六三
(3)畜生界……一六三
(4)修羅界……一六四
(5)人　界……一六五
(6)天　界……一六六
(7)聲聞界……一六七
(8)緣覺界……一六八
(9)菩薩界……一六九

(10)佛　界……一七〇

第六章　你前世與轉世……一七三
——你將來變成如何？
現世與前世的探討……一七四
你來世之愛將變成如何？……一八一
來世你將置身於何種危險？……一八五
來世全無可救藥的人……一八七
驚異的事實——人腦內隱藏有動物腦……一九〇
無法進入人類腦部的生命……一九四
轉世「宇宙生物」的可能性……二〇〇
結論——死是新生命的開始……二〇四

第一章

這種體驗是真的嗎？

——死而復甦者的證言

瑪麗・奧莉珍的怪奇告白……

「我、的確、一度、死掉了。」

瑪麗・奧莉珍低聲的自語，慢慢地一字字的吐出這句話，一頭長髮，配在她俏麗、蒼白的臉蛋上，輕微地搖動著，幽香四溢。

一襲黑色喪服似的衣服裹在她纖細的身子上，令人感覺她是一位妖艷，且帶幾分神秘怪異的女性。年紀大約在三十歲左右，以其獨特的占卜術及心電感應術而出名，在職業婦女及年輕主婦之間很有名氣，也深得人緣。

但是，她在說話的語氣卻不像占卜家，由於拗不過A的百般要求，她才勉勉強強地回答問話，迄今為止好不容易才開始談到她那一段異樣體驗的核心，她眼神凝視著遠方，若有所思似地以緩慢的語調述說著：

「我說出來或許大家會笑我也說不定。……但事實歸事實。……我確實曾一度變成死人哪。在那車禍發生後——

我看到了另外一個世界。和現在這個世界截然不同……。

我雖然沒將那世界全部看清楚，但從入口，到止步這之間均一覽無遺。……嗯，死後的確有另外一個世界啊……」

聽了她這段不可思議的談話之後，有些戰慄，對於另一個世界存在之事，實在不太相信。但是從她那無精打采似的談話當中，又給予人一種鬼氣逼人的真實感，A嚥下了一口唾液，繼續向她請教問題——

「關於那另一世界之事等一下我們再談。現在請妳回憶一下車禍發生的情形。……那車禍是在妳讀高中時發生的吧！」

「是的，十六歲的時候……」

「地點是在水戶市的街道上吧？妳那時無所事事的騎著一輛摩托車閒逛，自得其樂，那天，妳以最快的速度奔馳在街道上，忽然在眼前飛出了一輛傾卸卡車……由於措手不及，而撞到了傾卸卡車的後部，是嗎？」

「對的……」

「然後連人帶車地被撞飛出去，整個人也就昏迷過去，意識不明，被救護車送到附近的醫院去急救。妳那時當然記不清楚此事了，被送到醫院後，醫生看了看妳的身體，搖搖頭說『唉！不行了。』當然妳也不知道這事吧！……」

「是的。於是醫生只能盡力而為，因為出血過多，故醫生大量為我輸血及吸入氧氣，盡力為我急救，這是後來我聽說的。」

「但是到此病況，急救已經沒什麼效果了……」

「嗯！是的，這時呼吸漸漸停止，心臟也停止跳動，醫生雖作了種種急救治療，仍然回天乏術，只有宣告放棄，將我從手術室移到太平間。

我一度死亡就是這個時候，若仍有一絲獲救的希望，大概就不會被移到太平間了……因此此時的我已完全變成一具屍體。

……但是我被移到太平間之後，我卻看見了不可思議的一件事。」

「看到了什麼呢？」

「我看到了自己的軀體。……躺在太平間的床位上，沾滿了血的自己的軀體……」

聽了她這段話之後有些毛骨悚然，雖然認為她所說的有些荒謬，想譏笑她，但又笑不出來。

死而復生者—瑪麗・奧莉珍敘述她死後的體驗，這是真的嗎？（圖內的圓圈就是她本人的照片）。

「實在太不可思議了，就是怪奇電影也少有這種現象，但是，現實上卻令人難以置信，已經死去而無意識的妳，卻看見了自己渾身是血的屍體？實在是不可能的……」

「從世上的常理來判斷，的確是不可能發生，所以你若不相信那也是沒辦法的，但我事實上卻是看到了。」

「但是，假如那時妳還沒死呢？而是醫生的誤診，認為妳的心臟停止跳動，呼吸停止就是死了，實際上那時妳仍活著。視覺與意識仍殘存，所以看到了自己滿身帶血的身軀？」

「你會這樣想那是理所當然的，我以前也這樣想過，因為這樣比較能合理的解釋當時發生的情形。……但是這種想法卻不能成立。」

「為什麼呢？」

「我並不是從躺在太平間的床位上看到自身的軀體，而是從床位上面居高臨下而看的。大約在床位上面一公尺半左右的位置，從這位置望著下面自己的身軀。……就像飄浮在天花板下附近的宇宙空間似的……」

「會有這種怪事……」

「嗯！的確有這種怪事發生，連我都難以置信。但事實歸事實，我只是實話實說。我若說謊對我自己也沒什麼好處。……的確沒有錯誤，我確實飄浮在空中往下看。而且看得一清二楚，我那時長髮披肩，渾身是血，卻仍可看到了無血色蒼白的自己顏面，緊閉的眼睛……。

若是當時我仍稍微清醒的話，視線所及也不可能看到自己的臉及眼睛。所以我鮮明的看到了自己的身體，彷彿我是以別的物體來看自己似的……」

飛向暗黑的漩渦中

而且瑪麗．奧莉珍對於看見自己屍體這事，觸發了她強烈的感情，這是她活著時從來沒有過的現象，一種淒涼、肅穆極限的感情。

「我當時的心情是，帶著非常虛無及絕對的孤獨感，交織而成的一種難以言喻心情。也是一種已經對自己感到絕望的心情……

啊！這就是我的屍體嗎？我實在太可憐了，我就這樣完了嗎？這樣地帶著一片空白到人世間，又毫無價值地回到另一個世界去嗎？

　這樣地心靈深處在吶喊著，但殘酷的事實已擺在眼前，欲訴無門，浮在空中之事，也是無人知曉的。

　當然此時的我已毫無力氣了，但若是拼命用力的話，我想要敲擊天花板或弄翻杯子等類的事，或許還能辦得到，因為我有此種辦得到的感覺。

　雖說如此，我也沒出力的心情，一方面是軀體已脫離我而去，也不知如何用力，另一方面也是此時的我已經絕望，無心一試。

　於是我帶著滿腹的怨恨，開始飛奔了。」

「飛奔？飛向那邊呢？」

「我自己也不知道，但是漸漸地遠離我的軀體，投向黑暗的地方去，這也不是我自己的意志，而是冥冥中有某種力量引導我前去。……奔向非常黑暗的地方。在此時我感覺到在我的前方好像有許多死去的人也在飛奔。……但這也只是我的感覺，我並沒有看到任何人。

　這樣的我感到好像混在他們的行列之中，飛向黑暗的地域。黑暗之路綿綿不絕……。我心中想著，若突破了此黑暗的地獄之後，說不定能看見另一個世界，或許這世界是非常美的……。這只是我的猜想，由於我也沒看到這世界，因此我也無法描述。就這樣的，當我帶著哀怨的心情被這黑暗的漩渦所引導，飛奔而去之時……」

突然有絲微的光線照射而來，這光線並不強烈，但瑪麗・奧莉珍尾隨而追，此種光線就像手電筒光線般地照射，引導她而去，她本在黑暗中是以快速無比的速度飛奔，現在由於光線的引導，於是她放慢了速度，尾隨而去。

於是她再度的回到太平間，看到了臥於床上的自己屍體，這時感覺到自己慢慢地從自己軀體的頭滑到體內去。

「這時我感到自己在呼吸著圓筒形容器所裝的氧氣，我的心靈與軀體合而為一，然後我已看不到自己的軀體……感到身體相當劇痛。而且發現有人在我旁邊哭泣。

我雖然眼睛閉著看不見，但仍可依稀辨出那是我母親的哭泣聲。知道我發生車禍的母親，正在我旁邊搖著我的身體，一面痛哭失聲著。

這樣經過劇烈般搖動之後，我停止跳動的心臟，又開始跳動了，就像奇蹟似的。……這是後來醫生說的。就這樣地我又來到了人世間。」

於是她中斷了話題，A也不知該說些什麼才好，只是呆然的坐著。大家經過一段沉默之後，她又再度凝視著遠方，又以強調的口吻說著：

「我要說的就只有這些，當然信不信由你，只是從這次體驗中，我確信人死後的確有另外一個世界。人，並不是死了一切就完了。人之死只是肉體死掉罷了，肉體以外的靈魂還是會投向另一個世界的。……我確實已經進入了那世界的入口，稍微窺探到那個中的情景。」

這是她幻想的嗎？

A就這樣的結束了這次奇異的訪問，離開了瑪麗・奧莉珍的住處。A的腦中一片混亂，於是決定去訪問附近她兩位高中時代好友的住所。

或許她剛才所敘述的體驗是虛構的。是幻境也說不定，經過長年累月的時間之後，此種幻境漸漸地使她自己也相信，因而這種幻境故事的可靠性在她內心中增長。像她這種夢幻般性格的女性，在這社會中也常可遇見。

但是A此種猜疑卻失敗了，從瑪麗・奧莉珍以前好友那兒得到了明確的證實，證明了她當時十六歲所發生的事是真的。

車禍故事是真的。當時她瀕臨死亡邊緣，身負重傷而被送到醫院急救，不久被判定無救，被移到太平間，這也是真的，後來她母親一直偎靠在她旁邊哭泣，終於她奇蹟似的復活了，且發生囈語般地說「我看到了另一個世界啊……」，順嘴說出了這句話，這也是事實。

綜合上述所說的，因為以一車禍事故，使她獲得了前所未有的靈感，即具有未卜先知的超能力。等她的臉傷及將近失明的眼睛治癒後，她就以占術、心電感應術，而猜中了許多人的命運。

「由於我看過那奇異的另一世界，所以現在才具有了解人世間生死及這世界一切事情的超能力。」這是當時她對她的朋友們所說的。

當然我們不能根據以上的證言就肯定死後有另一世界之說，瑪麗・奧莉珍所言，雖非虛構或創作，但也可能是當時意識混濁所生的幻想也說不定。……可是從她那斬釘截鐵的肯定態度上來看，又不像是幻想。

A必須以公正的立場來考慮這有關人死後世界的問題，若是她所說的話中只有一部分是真實，那就太糟了，A以緊張地心情回憶著那段與她談話的內容。

關於信與不信之問題那是另當別論，現在A只想用一假設來思考此問題，且將她的談話加以有系統的整理，來分析此一情況。

(1)當她的呼吸與心臟停止之後，她的肉體與肉體以外的「某種東西」似乎已經分離。

(2)此「某種東西」從她的肉體鑽出，而飄浮在她的肉體上呈浮游狀態。

(3)此「某種東西」，A認為並非肉體，且無具備肉體的形態，但至少具備有看清物體及保持意識的能力。……與原先的肉體之毀損毫無關係，但似乎具有意識及視覺（**或相當於視覺的感覺力**）。

(4)此「某種東西」在其本人肉體上稍作停留之後，與本人意志無關，而奔向暗黑的世界去了。

(5)在暗黑的世界裏，有許多與死者同樣地與肉體分離的「某種東西」也在飛奔著，或許暗黑世界的深處盡頭就有一處非常明朗化，顯現出各種風景的世界也說不定。

(6)至親者（或是最愛死者的生者），拼命地哀號搖動死者，於是此「某種東西」又再度地回到她的軀體，但這只限於奇蹟的場合，此「某種東西」才會回到她軀體的附近。

(7)這奇蹟似的「某種東西」，又從她自己的頭部進入，似乎是停留在她的頭部，也就是說此「某種東西」是以頭（腦）部分為棲身之處。

(8)然後此「某種東西」與原來的肉體（或是腦）再度結合，以作為維持生者的機能。換言之，活人是肉體及此「某種東西」的複合體。

意識下的花園與天使

但綜觀前面所述這些含糊的想像，只是A個人對此的一點意見，故並不能絕對的成立，對於瑪麗・奧莉珍的體驗當然不能全信，仍然還有許多疑慮。

而且像她這麼說法的例子也很少。死後的世界，死後的生命等問題，對於人類來說要探討仍然非常困難，故對此大題目必須慎重的加以研討，當然不能根據一例或是A的假設就能成立。

因此，再探討了其他的例子，去尋找那些將死亡又復生的人，詢問他們的體驗。

而這些來源，就是以新聞、雜誌報導或醫院、寺廟為對象。

「嗯！是的，我的確一度死而復生，在那時我看見了死後的世界，這是真的啊！絕對錯不了。」

持此說法的共有五、六人。他們均善意地堅信曾看見了死後的另一世界。但是從分析考證上來說，他們的說法均是主觀因素較濃。

而像瑪麗・奧莉珍那種接近完全死亡，心臟、呼吸停止的例子卻沒有。他們的例子有在工事中從二樓摔下來昏死掉的；接受癌症手術，全身被麻醉而躺數小時的；登山訓練時因故昏迷而被抬到山麓下的醫院……等例子。

「登山時因體力消耗太大，我終於倒在岩石堆裏，昏迷過去，毫無知覺，然後我看見了一片美麗的花圃。

我想可能是藏王山的高山植物群集地帶吧！然後又看見了一條小河流水，後來我想一想，我是躺在冬季的荒山地帶，是不可能有花圃和小河的。因此那地方一定是另外一個世界。

我又看到了許多漂亮的人們在走著，既不像男的又不像女的，穿著透明的衣服，是宇宙人嗎？……我想可能是天使吧！那麼那地方一定是天國了。」（二十歲女子學生）

「通過了黑暗之路後，我看見了一棟雄偉宮殿似的建築物，巍巍而立，這樣漂亮的建築物是世間上所沒有的。……於是我朝那邊走去，走在玫瑰花怒放的小道上，心情為之開朗。但是走沒幾步，我就醒來了，睜開眼睛，看見家裏的人正在看我，『啊！手術成功了』醫生高興地說著……」（五十二歲，公司職員）

「我也是看見了宮殿，在萊因河的旁邊有許多城堡，而那座宮殿好像是最壯麗的，在宮殿之前有守衛站立著，好像哼哈二將似的，他們的服裝我已記不清了，給予人威嚴的感覺，是非帶高大的人。守衛對我說。『還未輪到你來這裏的時候，回去吧！』因此我就回去。我雖然因受到鄰室自殺的人所影響也瓦斯中毒

了，但那宮殿及守衛的模樣，仍深深地刻劃在我的腦海裏。」（三十四歲公務員）

此人所說的絕不是胡言亂語，從他那認真的態度及強烈確信的語氣上可察看出來。

但是，A認為上述的人所述說的主要部分可能是從主觀生出的幻想。

也可說是從他們記憶中生出的一種夢，他們均是成年人，雖然他們對於死後這問題或許不會特別的關心，但是他們在少年少女時代時，多多少少會聽到有關天國或地獄的事情，及看到有關這類事物的圖片或書本。

高山植物、清冽的小河以及海外旅行時所看到的古城、宮殿均給他們留下了深刻的印象。

這些隱藏在他們意識下的印象，就會像夢中所見一樣地出現，A這樣說明，或許大家對上述的花圃、天國、宮殿、哼哈二將守衛等情景會較容易理解。

因此，即使將這些例子集合在一起，還是缺乏科學的論證，無法使人信服，連A也感到相當困惑，只有瑪麗·奧莉珍的情形比較特殊外，其他的例子多少缺少客觀性的論證。

死後的世界裡，有壯麗的宮殿嗎？

——就在這時A又聽到了另一位人士的體驗，他就是細谷昭先生，細谷先生是在東京渋谷區的一大財團法人（NS國際中心）擔任事務局長，從他的出身，以及性格及所擔任的職務上，可了解他並非信口雌黃、胡言亂語的人，故他所說的話有很多的信憑性。

虛無的空間、河與橋

「我所說的或許不是百分之百的正確，大約是在我初中一年級的時候吧！那時我不太健康，身體瘦弱，有次突然發高燒到四十度以上……經醫生診斷確定為結核性高熱，住進了S醫院。

然後我的發燒時高時低……當最高燒時身體會急遽地抽筋。

漸漸地我的臉變成紫色，舌頭也捲向咽喉邊，呼吸不順，幾乎喘不過氣來，這時雖尚未達到死亡之境，但也為時不遠，已瀕臨死亡的狀態了。依偎在旁邊的母親驚慌失措，立刻通知醫生，醫生立即飛奔而來……為我作了種種急救措施。

而我已完全處於意識不明的狀態。沒有痛苦的感覺，當然什麼也不知道。

過後，也不知道經過了多少時間突然我醒來了，睜開了雙眼，但這與普通的醒來完全不同……『這是那裏呢？我怎麼來到了這麼遠的地方呢？』我喃喃自語著。

我所處的環境周圍，是一片荒涼的地方……，什麼人也沒有，我不知是站著，還是飄浮著——但的確立在此地了。在我的面前是一條大河。

這條大河給我留下了鮮烈的印象，是一條無色、恐怖的大河。在河上有一座橋，是一座大的木橋，雖然我沒有觸摸到河水與橋，但是卻能清楚的感覺出它們的確是河與橋。

在河的彼岸，我雖想盡力放眼而望，但是什麼也看不見，給予人太黑暗的感覺，又不像夜色……應該說是虛無吧！彼處是一片非常廣闊空虛的地方。

這時我徬徨無措，想走到彼岸去，也不知現處在何方，是在岸邊嗎？或是在橋上呢，想移動腳步，但是卻走不動。

身體好像不能動彈，因此也無法走到彼岸去。……後來聽母親說她一直偎在我的旁邊，拼命地為我祈禱，希望已毫無反應的我能回復知覺。

……經過這一段漫長的時間之後，這次我真的醒過來了。看見了母親及護士的臉，醫生看了看我的眼睛說：『啊你真幸運，終於好起來了！』的確這似乎是奇蹟，自從這次疾病復原以後，我就很少再生病。

前述我所看到的河可能就是佛教所說的『三途河』吧！在孩提時代會聽到大人說到有關『三途川』的故事，故此事之記憶從我的潛在意識裏發出來也說不定……」

【註】「三途川」（Sanzkokawa）：是東亞民間傳說中的冥界河名，出自《地藏菩薩發心因緣十王經》，被認為是陰間與陽世的分隔。又稱葬頭河、渡河、三瀨川、三途河。佛說人死後第七日所渡的河川，因為水流會根據死者生前的善惡行為而分成緩慢、普通和急速三種，所以稱為「三途」。

※　※　※

A聽了他這麼說，起先倒是相信他的此種潛在意識說法，但是後來想一想，卻不太合乎佛教的說法。

因為佛說「三途川」是沒有橋的。佛說的「三途川」上只有小船而沒有橋，

人類死後將變成如何呢？（相片・地獄圖）

由鬼怪負責操舟（死者必須付給鬼怪三文錢以求引渡）於是鬼怪就開船送死者到彼岸的「極樂淨土」或地獄針山。

若是細谷少年時所聽到大人說「三途川」的傳聞應該是如此才對。但是細谷所看到的只有一條空曠無際的大河，也只有自身處於此孤獨場所，在彼岸則是一片虛無的空間。

與佛說的傳聞截然不同，當然也沒有花圃、天使及宮殿了。因此，A漸漸被他所述說的這真實性所吸引。

實際上或許他所見的不是河和橋也說不定，不過因為他只以橋和河來表達他所見的，也許有另一境界，這就是生死的境界，越過了此一境界，然後他就將投向暗黑虛無的空間而去。

但或許是這位將垂死的少年所看見的幻覺也說不定，那時他看不見在他旁邊的至親及病室的情景（因意識不明），但是卻看見了不可思議的橋與河，也許這只是他的感覺——當然這是無可否認的事實。

因此細谷的精神（？）那時已離開他那失神的肉體，而開始投向未知的領域。

像這樣地，人類在瀕臨死亡狀態時，精神與已失意識的肉體分離，而奔向未知的空間，細谷就像前述瑪麗的例子一樣，這是A個人的看法。

細谷的體驗雖然沒有瑪麗的體驗那樣的徹底，但也經歷了一個階段。

他雖然沒有感覺到自己從肉體中脫出，但所說的重要部份與瑪麗所說的均差不多。

雖然這兩個例子都不是胡說八道，但是A對於人死後世界的這件事仍半信半疑。像細谷這樣地已經過了二十年以上的往事，卻能記憶猶新地敘說著。那鮮烈的橋與河的情景可能給予他太深刻的印象了吧！這樣他那真實性的往事更能給聽者重重的感受。……

某一位醫生的告白——與瑪麗的體驗一致

「嗯！是這樣嗎？我也有這種經歷。只是我的情形稍微不同。但本質上大致相同。……那是在我二十五歲的時候，因肺部壞掉了而將死亡。那時候我的確經歷了一段奇怪的體驗。」

這是松本先生所說的一段話。A非常吃驚地凝視著他這張相識的臉，這是在聽了細谷的體驗的數日後，A無意中和松本談到有關這類事時，他才說出的。當他說這段話時，的確令A驚訝不已。

因為他是位冷靜、沉著的醫生，且得到了醫學博士，在東京田無市開一家醫院，於學術界享有盛名，對於世界上的一切事物應該是以科學、合理來衡量的。所以他所說的話應該極富真實性，與看見花圃或宮殿的人所說的更具有價值，更確實才對。

「那是我已將當醫生時發生的事。我肺部壞了，在大學的醫院被切除，可能是內出血過多，而且發高燒，呼吸困難……我已陷入意識不明的狀態，周圍變成一片黑暗，若是性急一點的醫生可能會宣告我已到了死亡階段。

本來我是躺在病室的床上的，但是這時我看看四周，忽然發現我在病床上的上方（即在天花板下的某一側），飄浮在此處，這時已沒有痛苦的感覺，只是感覺到自身飄浮在空中。

更妙的是，我一邊飄浮在空中，一邊往下看，看見躺在病床上自己的軀體，及依偎在我軀體旁的家人。」

聽了他這段話之後，A有受到劇烈衝擊的感覺，經常到處取材、找資料寫書，A的經歷也不算短了，也時常遇到震撼的事件，但像受到這一類的衝擊卻少之又少——完全一致啊！松本與瑪麗・奧莉珍的體驗完全一樣呀！難怪A會驚訝不已。

對於瑪麗・奧莉珍的事A只提到一些，因此若是松本是A開玩笑的談到他的體驗與瑪麗一致，這是不可能的，A並沒有談到瑪麗的體驗以給他先入觀的觀念。因此，他所說應該是確實的。

但是，對於他們所提到的事，A仍希望驗證一下，瑪麗的事A曾找她的友人加以求證，而松本呢？當A提到這一點時，松本說：

「雖然沒有人能證明我的體驗，不過我有補充證明的資料。」

以下就是松本檢討的資料。

「我看見了祖母的頭髮，祖母在我旁邊看護著。……那時我很清楚可看到祖母頭頂上稀疏的頭髮。

女人一上了年紀，頭髮就會變成稀疏，特別是長年結日本髮式的女人，頭頂部分更是禿得厲害，祖母的頭髮就是此種狀態，迄今為止我尚沒有察覺出祖母的頭髮禿得變成如此，雖然每天和祖母一起生活，但因無機會從上往下看祖母禿頭的部分。故至今未發現祖母已經部分禿頭了。

現在從上往下看之後，我不禁感嘆一聲：『啊！祖母頭髮禿得如此厲害，變成很少啊！』同時想到『這是由於我飄浮在祖母上面，所以才能看得一清二楚！』」

由此可見松本這時有強烈的臨場感，若非他親身體驗，絕無法說出此現實性。松本這樣地合理的分析，充分地使A能夠理解，而且他不只談到祖母的頭髮，他接著述說著：

「祖母這時依偎在我的身邊，一面哀嘆道：『怎麼辦才好呢？這孩子可能無救了。』自從我雙親早世之後，祖母含辛茹苦地一手將我養大，又栽培我讀書，祖孫情深，難怪她要深深地哀嘆了。這時我已意識不明，當然理應聽不到她的哀嘆聲才對。事實上祖母的哀嘆聲並沒有傳到躺在床上的我耳裏。

我還是從飄浮著空中上聽到的，這是多麼奇妙的事。我往下看到了祖母及我自己的軀體，飄浮在空中一點也不感覺到有任何痛楚，看了依偎在旁邊的祖母我不禁想道：『祖母啊！您為什麼那麼悲傷呢？我不是好端端地在這裏嗎？』但另一方面看到了自己蒼白的軀體我也不免感嘆道『唉！可能無望了！』就好像看到了他人臨終的情景一樣。」

當然醫生也盡力地為松本施與急救，而他的祖母也拼命地喊叫他，幸運地，松本和瑪麗・奧莉珍同樣地，不久脈搏開始跳動了。

「然後我就滑進了我的軀體，而與軀體合而為一，就像照相機鏡頭已被對準，重合為一似的，我進入了我的頭部，結束了這種奇妙的體驗。……過後，我又恢復因病而感到的痛楚，但總算得救了，慢慢地終於復原。」

實在太不可思議了，此種回到肉體的經過與瑪麗的告白，不謀而合，很明顯的松本的肉體與肉體以外的某種東西分離，除了這樣解釋以外，我們就無法理解他的體驗。

的確是令人難以想像的事，但此種令人費解的事卻發生在松本、瑪麗兩人的身上，再加上細谷共有三人，他們均在病室中，脫出了自己的軀體，再回歸到這個世界來。

「我後來想一想覺得當時浮在上空的我，僅是我自身的一部分而已，並不是我真正的人類本體，而躺在床上的軀體則像是在『我』進入軀體時開始產生機能的精巧機械似的東西。而我的本體也就是在我的生命自體與肉體之間，像是成立著電視的電波與電視的接收機的關係一樣的原理似地存在著。」

松本結束了他的談話，A還是無法全面理解此一事實，只是默默地沉思著。

舉了以上三個例子，人類死後生命或許仍存在也說不定，至少肉體與肉體以外的東西會分離，而此肉體以外的「某種東西」仍存在著，這似乎是正確的。……關於此一問題要有系統的去調查、分析與論證，就有賴科學家與哲學家們悉心的去探討研究了。

接溝通到我的心靈）

這時我從小時候開始的記憶情景，顯現出來，自己所做的事當中那些是不當的，均表露無遺，令我有痛苦沁心的感覺，那些已逝去忘得一乾二淨的記憶之事，均在天使的面前，刺眼的光芒中一照無遺。

這實在是艱難、痛苦的一件事，人類死後必須通過此一考核，若不能通過此一考核者，將留置了暗黑的空間中。好不容易地我終於奔向了光明，彼方一片光芒之處正等著我，我想那光芒可能是神之光吧！我正想奔向那片光芒深處時，天使又給我了指示：『你在人世還有事尚未完了，必須回去做，回去吧！』我雖然有心想停留此地，無奈一股巨大壓力引導我歸去，等我察覺時，我已再度回到了我的肉體……」

原文冗長，但是書中的大意大概如上述。莫魯古還具有多種超能力。以後歐洲發生的大地震、大火災等事他都預先知道了，而且記錄上也記載他能為病人消除病痛。

或許他真的看見了死後的世界。因為在他記述裏可發現有許多部分與瑪麗・奧莉珍或松本博士的體驗相似，故對他的說法有點認同。

但是還是缺乏客觀的論證，假若我們深信他的靈能力，則他所看的東西均將成立，如果不信，則他所言均為胡言亂語，無稽之談。因此要決定死後世界實在太困難了。

而且由他書中所引用的「天使」「神光」等字眼可看出，他所看見的均以基督的信仰來解釋。當然我們應尊重他人信仰，不過依據信仰來解釋他個人所見，這或許就缺少了客觀的真實性。如此一來，其他的部分也許也混入他主觀的不少見解，所以我對此點深表懷疑。

我們所要調查的是死後的實證報告，而非個人的意見、信仰及神秘之事。當然我並非故意吹毛求疵，只是想像追跡調查離婚後男女的行動似的，清楚地調查人死後的記錄。

這也許太過於苛求，要尋找那些生存在人世間的人，有寫下死亡記錄的實在不太可能辦到。……正當我絕望之時，忽逢一線曙光，找到了另一個可幫助我的人，那就是美國哲學家、醫學家雷蒙德・穆笛博士於一九七五年所著的《Life aftier life》（死亡回憶）這本書。

《死亡回憶》是一部與《西藏生死之書》齊名的生死學巨著，一部讓逝者平靜，親者寬慰的臨終關懷手冊。它徹底改變了一般人的死亡觀念，掀起了探索「生命科學」的熱潮。

震撼人心的穆笛報告

穆笛博士是美國的神經科醫生，同時也是位哲學家，曾在東諾斯卡羅萊那大學的哲學系教授哲學四年。然後在此大學的附屬醫院及自己的診所為病人服務。由於博士的職業是醫生，而且得到內科、外科方面醫療人員的協助，所以有許多機會與一些將死亡的病患接觸。那些病患，尚未完全死亡，但一旦被宣判死定，又奇蹟似的復生者，博士立刻與他們會面，像這樣病例的患者，博士的手邊就擁有二百名以上的案例。

博士對此病例甚感興趣，開始接觸到一些聲稱有過或聽說過瀕死體驗者的描述，「一旦死了之後，將變成怎樣呢？」博士以此問題對那些病患加以詢問，然後博士搜集了這些資料寫成了《死亡回憶》這本書。

由於博士工作繁忙，故只能利用空檔時處理這些資料，完成此一著作，最少花費了十年以上的時間。

有些人被問及「死後變成怎樣呢？」回答說「沒有變成怎樣，我什麼也不知道」的人似乎佔了不少。

但也有些例外，在此選出一些代表性例子，摘要記述他們的體驗。

1

當我在開車回家途中，到了一交叉口時，突然一輛車子的前燈猛烈地照在我的眼前，且夾帶著恐怖的車響。……然後一瞬間我感到我從四方黑暗的空間中脫出，這時的我大約離地有五呎高，而離自己的車子有五碼之遠，……我感覺自己飄浮在空中。

我看見許多人趕來現場，也看見了躺在破碎車子裏面的自己身體。有些人正搬動著我的身體。

「啊！那不是我嗎？到底是怎麼回事呢？」我內心想著，又看見了自己身上是那麼安詳威嚴，且令人肅穆，彼處以一條白線為界，線那一方好像有人說「到這裏來妳就知曉」。

在白線的那一方，好像有許多人快樂、幸福的站在那邊似的，我也想奔向他們，但是進不去，白線拒絕了我，我又重回到了暗黑的通路，投進了自己的軀體。（未婚母親的告白，年齡，職業隱瞞）

5

我感到我的一端變大，另一端變小，我以這樣的形態脫離了我的軀體，是從頭部方向脫出的，脫出之後看見方向盤已損壞了。

我游離在離地數碼之上，眺望我的軀體及汽車，然後救護車來了，將我的軀體從方向盤下拖出，我一邊看著一邊飛向黑暗的空間通道。……當醫生在我的軀體上注射後，我終於又回到了我的軀體。

這次返回時，我以小的一端進入了我的頭部。（四十歲商人）

※　※　※

此外，還有百例以上，內容大致相似。「死時，自己脫出了肉體」「從空中俯視自己的屍體及周圍親朋好友」「通過了恐怖黑暗的空間」「看見了亮光，帶給我祥和的感覺」。

另外，還有些人談到「我感到在另外一個境界」「會見了死去的親友」「回顧了自己的一生（滿足、後悔、戰慄之事歷歷在目）」這些例子大多數都「被壓力驅使，從自己的頭部進入，返回了自己的肉體。」

起初由於所搜集的例子過多，我頗狐疑，故我帶著半信半疑的態度讀完了本書，但是等我讀完之後，仔細的思考，覺得其中有些並不是信口雌黃的告白。

「這種例子從未聽過」「這是患者因幻覺所說的幻語」，「這種例子不能相信」，穆笛博士對於書中所引用的例子均下了斷語。故他可說是很忠實的記下了這些記錄。

此種忠於事實的記錄頗令我感動，以他身為大學教授及醫生的身份，並且經過十年以上的研究，我想應該不會信口開河，故意耍花招騙人。

而且他所引用的例子，有些與瑪麗・奧莉珍及細谷、松本的體驗極相似，若是我尚未聽過瑪麗等人的體驗告白，或許我對於穆笛的報告還不太會相信，而他們觀賞，他們所做的所想的事情（尤其那些見不得人之事）均歷歷在目，這裏也可以說是地獄。

但是此地並沒有判斷他們罪過之神，只是強迫地要他們反省自己的一生。並沒裁決他們，只是自己非得對自己有個交待不可，也就是自我反省悔悟。這是死而復生者所說的。

故人死後只是脫離自身肉體的驅殼罷了，對此點真理我們是可以深信不疑的。因為這是經過多種調查的結果，至於信與不信那是個人的理念。不過根據我的調查，人死後會脫出肉體浮游，及反省生前的所作所為，這是百分之百確實存在的。」

朝向更深的死後世界

露斯女士的這段談話內容，的確給我內心極大的衝擊，因為她畢竟是醫學界的權威，且是國際新醫學理念的先驅者，可是她卻也相信了「死後世界」的存在性。穆笛博士的報告，只搜集了資料，而露斯女不僅收集了資料，且高明地加以有規則的整理分析。使死後體驗之事成為不容懷疑的事實。

露斯女士認為，死亡瞬間，肉體與肉體以外的某種東西分離，這是必然之事，並且在黑暗的空間中飛向光亮之處而去，也是既定的事實。

這是露斯女士經歷三十年醫學生涯的體驗，所達成的結論。她並不是紙上談兵，靠著觀念的思索，而是根據眾多的死而復甦者（超過穆笛所訪問的病人十倍以上），追詢他們的體驗所達成的論斷。

我也調查了對穆笛及露斯理論持著反對論調的學者。在歐美的醫學界有些人對穆笛及露斯的學說惡意地中傷、責難，認為他們頭腦有問題，所述之事均屬無稽之談。

但是中傷及責難者們，卻提不出有利反論的科學上資料，他們只是胡亂謾罵一場罷了。認為人死後絕無另一世界存在的道理，但對此觀念他們卻無法持有效的駁斥依據。

對於穆笛及露斯所提的二千數百位死而復生者的案例，難道還嫌不夠嗎？這些死後體驗，大體上來說是一致。再加上我取材時所訪問的一些例子，對於人死後有另一世界之事，應該足資證明。

而且穆笛、露斯兩位博士是代表現代醫學的最先端，加之芝加哥大學及東諾斯卡羅萊那大學的數十位醫學者來協助他們兩位，因而對於死後世界的存在應可確認，開了人類邁向未知世界領域的新紀元。

對於死後未知世界的探討，是有研究的必要，我們必須踏向此一領域，若是我們確認人死後的肉體會與某種東西分離，而對此「某種東西」，我們也應有統一名稱的必要。

在人類死亡瞬間，此「某種東西」會從肉體脫出，奔向黑暗空間的亮光處，莫魯古稱此東西為靈魂，而死而復生的體驗者則稱它為「浮在空中的我」或「我的自身」，此「某種東西」的真面目到底是什麼呢？

這是從「肉體中溢出的意識」

不知我是幸或不幸，我從沒有過死而復生的經驗，當然無法體驗從肉體中脫出之事。但是，卻經驗過另一種奇妙歷程。

在數年前我有喪母之痛，母親住在家兄的家裏，已年近八十。因生病已接近日薄西山，當然我們都希望她能安詳地逝世。

我實在是不孝子，已很久沒見到我母親了，無法奉侍她老人家至最後。當然我也不知道她老人家已病危。母親逝世那一夜，我尚未獲知消息，在夜闌人靜之時，我正在整理資料，突然我家門口一角傳來了一隻蟋蟀的叫聲。

由於冷害與化學公害的影響，即使在秋天郊外也無法聽到蟋蟀的鳴聲，在毫無空隙的房門口，蟋蟀能爬進來鳴叫，的確非常稀有。

但我忽然發現到這蟋蟀的叫聲有異，不太像平常的蟲鳴聲。我不知不覺突然想起故鄉老母親，不由得急速地走向大門口。

蟋蟀一點兒也不怕生地在我鞋邊鳴叫。當我屈身俯視牠時，牠跳到了我面前，那時，我忽然興起了它是否就是我母親的念頭，我想或許母親逝世了也說不定。

過了幾小時後的清早，札幌的兄嫂來了電話，告訴我母親已過世的消息。我問她母親逝世的時刻，正好是蟋蟀鳴叫時的時刻。完全吻合，我的第六感猜測得

這就是所謂的死後的生命。而其正體即「從肉體（頭腦）脫出的就是此人的意識」。

這實在是很玄妙的說明，繼承柏克森學派的哲學家們繼續了此項學說，認為在生時此「某種東西」就是獨立存在的東西，死後當然能不受肉體影響，而能自由地活動，這是理所當然。

可是這樣的說明只是論理上的玄妙論罷了，事實上仍不能清楚地解答實際上的疑問。雖然說明了從死者上脫出的「某種東西」是精神＝意識，但是對於此「某種東西」為何能通過牆壁，飄浮在空中，以高速飛行，這種種之謎仍未獲得解答。

此「某種東西」能通過牆壁，因此構成這「某種東西」的因素必定是比牆壁的分子小。能懸浮則必須有浮力，能飛行也必須有飛行速度的能力。

通常我們所謂的精神＝意識，並沒有包含上面所述的那些能力。愛、煩惱、希望等錯綜複雜的意念均是精神＝意識的作用。這些也是人們內心作用自覺的產物，與構成因子或浮力、速度完全毫無瓜葛。

這種人體內面心理上的作用當死後能解脫離人體，且能像透明人似地穿越牆壁，又像具有魔法似的飄浮、飛行。實在與精神或意識完全迥異，我們能再以意識或精神來稱呼它嗎？

休夏魯教授的「電波」說

這是法國的休夏魯教授（曾任教於索路孟奴大學神經生理學研究所）所假設的。

此派學說與柏克森派所言的哲學說法完全不同，認為從肉體脫出的精神＝意識實在是電磁波的一種，完全是一種物理現象。

他對於人類死後生命沒有否定，但也不肯定有此事實。只是站在神經生理學的立場來探討精神與意識，以補柏克森派學說的不足。

他認為人經過五感，所以能看聽與感覺外邊的世界。這是因透過神經組織而傳給腦細胞的緣故，而腦細胞則放出弱電流（腦波），將我們所知的刺激銘刻於細胞上。

這就是記憶，記憶就是根據新的刺激而產生的。例如，我們若存著鄧麗君的甜美歌聲及倩影的記憶，當聽到有人叫「鄧麗君」時，她的歌聲及倩影就會從我們腦細胞的倉庫出現。

不僅如此，比較狂熱的歌迷們甚至會想著她那美麗的一顰一笑。想著當她唱歌時到她旁邊為她助陣。

這時那些歌迷的神經原與腦細胞結合的細小神經枝，就纏上了複雜的電流，在她們的腦細胞銘刻了複雜的思想、印象。而超出人腦溢出外界。

若是過於狂熱忍耐不住的歌迷，甚至會想衝到舞台上與她面對面四眼交接一下，若是鄧麗君有著敏銳的直感，當可想像到歌迷們對她非常狂熱、思慕，甚至想擁抱她一親芳澤。

這就是歌迷們從腦中溢出之事，而這從腦中電流溢出的東西就是電波。由腦細胞組成的電波力量非常弱，本質上與電視或收音機的電波相同。

死後若精神＝意識殘存的話，就是僅有這種電波形態存在著。電波能飄浮在空中，並且能以極快速度飛向遠方，也能輕而易舉地透過薄壁、窗戶。死後的生命可能就是這類電波的活動。

這是利用物理學說方面來嘗試解開精神與意識、死後生命之謎。但是，我們對這類見解還是懷有疑問的。

一、若是電波，電波的發射站肉體的腦細胞因隨肉體而滅亡，電波也就無法發出，也因而隨之而亡才對？例如，電視的電波若電視台發生地震，是無法發出的。

二、根據死而復生者的體驗，與他們肉體分離的「某種東西」能一目了然看清自己的身體及周遭情景，及聽見周遭的人談話聲。感覺出自己是平和安詳或孤獨，看見暗黑中之光而自我反省，自我悔悟苛責自己。

此「某種東西」若光是電波，能具有看見、聽見的能力嗎？且能具有感覺及思考的能力嗎？這些實在可疑。

休夏魯教授的弟子們對於上述的疑問，利用物理的能量法則加以解明。

電波原先就屬於能量，也是無數電子的能量聚集在一起的狀態，而能量是不滅的。

小異。

可是很遺憾的就是這與解開「某種東西」之謎仍相差很遠：卡林頓只不過對於休夏魯派學說電流能量某部分假設為「普緒克（精神子）」罷了，普緒克雖是精神產物，且能保持記憶與感情。但若說它具有聽覺視覺以及新的判斷、思考能力，則是不合理了，因為它既沒有眼、耳，也無觸覺。

對於這些問題我一個人實在是越想越無頭緒，於是想移樽就教於數位醫學者及物理學者，希望能獲得他們的一些指示，想不到他們都避而不答。

「這個問題嘛！實在是很難回答！」皺著眉頭，然後搪塞一句他們「不是專家」而逃之夭夭了。

既然不得其門，我只有尋找有關這方面的書來自己研究探討了，好歹總算給我找到了兩本。有關討論死後問題的書，一本是關英男博士所著，另一本是岡部金次郎博士所寫的。

岡部金次郎（一八九六～一九八四年），是日本電機工程研究員和教授，對磁控和雷達的發展貢獻良多。在第二次世界大戰後，他開始使用聲波研究醫療器械。

岡部博士在《人死後將變成如何？》這書中提到「魂核」。他認為人類的腦中有稱為「魂核」的微粒子集團，此外還有微細的能量。當人死時就脫出腦中。生存之魂是「活性狀態」（即能活動的狀態）相對的脫離死者之核則是「非活性狀態」。

到了這種狀態在肉體上來說是死了，但是，魂核的精神本實卻仍保存，而飄浮在空中。

日本電氣工學者，東京工業大學教授，夏威大學教授，關英男博士（一九〇五～二〇〇一年）在一九七一年所著的《情報科學與五次元世界》一書中提出了「幽子情報系」的假設。在我理解的範圍，我認為它與「普緒克（精神子）」很近似。與精神子同樣地均是腦中尚未被發掘的精巧組織。

但它與腦細胞或神經原的神經系不同，但博士假設「幽子」與它們之間卻有密切關係。前述的所謂種種超能力，全部均依幽子而活動。

而人死後之意識則並單靠生前的精神，而是此「幽子情報系」聚集飛出所產生的。

雖然這些是很奇妙的假設，但仍不能解開我心中之謎，「魂核」既是不活性狀態，能飛行幾千公里，以及反省生前自己的事就與岡部博士所說發生矛盾了。「幽子情報系」雖曾提到死迴復活，其有超能力，但是最基本的飄浮在天花板下，俯視自身的屍體，以及感到孤獨感與絕望感之事卻沒有加以說明。

我又陷入困境了，無法解決心中謎團，經過相當長的一段內心空白。……直到會見了桐村泰次先生，我內心的空白才獲得填補……。

桐村是一位新聞界的前輩，曾著有《追求明日的文明》等數冊的好書。他曾與數位研究文化人類學教授及西歐的十數位高水準知性人士會談過，具有極傲銳的批判力。

而且曾深下工夫去涉獵有關文明論、東洋哲學、佛教思想的書，故可說是位飽學之士。桐村先生微笑地聽了我的困惑之後，冷靜地回答了我的問題：

「這實在是一個很鑽牛角尖的問題！死後生命這一問題可說是最難解答的一個題目。因此各種科學家們一被問到這個問題，均避而不談，有的甚且嗤之以鼻，加以否定它的存在。

而肯定的人如歐美學也止於解釋為能量，光就物質的視點來說明的人較多。但這也有些離譜，因為單靠物理方面來解說，也僅於片面之詞，對全面來說還只是一部分罷了。像這樣範圍廣大的題目，卻只解說成能量、物質、電波，那不是犯了錯誤嗎？

我們必須將它視為生命來看，因為『死後生命』到底也是生命啊！

人類在生的肉體的生命是生命，而死後的生命當然也是生命，當它附在生存肉體與脫離肉體時，本質上應無不同，均是同樣地生命。

廣而言之，這個世界，地球以至大宇宙……均完全充滿了生命的要素，也可說宇宙全體即是巨大生命的母體。

生者與死者均存在這巨大的宇宙內。只是巨大生命母體的一小部分，因此生者與死者同樣地均是宇宙的一部分而持有生命要素。

只是他們顯現的方式有生前與死後之別而已。若能這樣想，或許就會有新的觀點出現了。」

充滿無限生命現象的宇宙

我似乎有些開竅了，仔細思考著。的確如其所言，這宇宙充滿著生命的要素。此事現在宇宙科學大致上已證實了。

例如NASA（美國太空總署）在一九六八年後開始用電波望遠鏡作為探測遠方星雲物質的作業。

一九七〇年～七五年在離我們數萬光年的獵戶星座星雲及處女座星雲中被發現了浮著甲醇、乙炔之類蒸氣（利用分光分析發現）。

這是一個突破性發現，可見這些星座有優劣的有機物，且具相當複雜的構造。因為在這被認為僅有氫（H）與氮（N_2）的永遠。死之世界的宇宙空間，意外地卻發現了近似化學進化（生物產生前的初期準備階段）。

而NASA的波南培洛馬博士（宇宙化學的先驅）所領導的研究機構人員們也發現了氨基酸，這是拾到了從木星附近落下的隕石而加以研究分析的。但與地球上氨基酸的構造不同處有十七種類之多。

如眾所皆知，氨基酸的分子有二十種類，是生物學上重要的有機化合物。氨基酸是構成蛋白質的基本單位，以一定方式結合才能產生良好的蛋白質。而幾百個蛋白質結合後，經過反覆地變碎與凝結就成為生物細胞。

波南培洛馬博士的研究機構人員們所發現的是在生物進化途中的氨基酸呢？抑是宇宙生物分解的殘渣呢？這就不得而知了？而太陽系之一隅的地球所能做到的觀測及調查的範圍，事實上也僅於此而已。

可見在人的銀河系全體——三千億之星星與直徑數萬光年的廣大空間中，有數不清的生命素存在的，這是絕對錯不了的。

更何況宇宙全體的幾億銀河系，直徑數十億光年的無限空間，正充滿著更多，難以數盡的生命現象？

這就是宇宙生生不息的現象。若單以月球、火星等片隅之狹小範圍來探討，的確是小了些，我們應該以宇宙全體作為一個大規模的整體來考慮探究，在這大整體內，生命二十四小時汲汲不息，是一個不可思議的結合地域。

為何這樣說呢？雖然美蘇的探測船所攝得的別的天體及宇宙空間照片顯現，

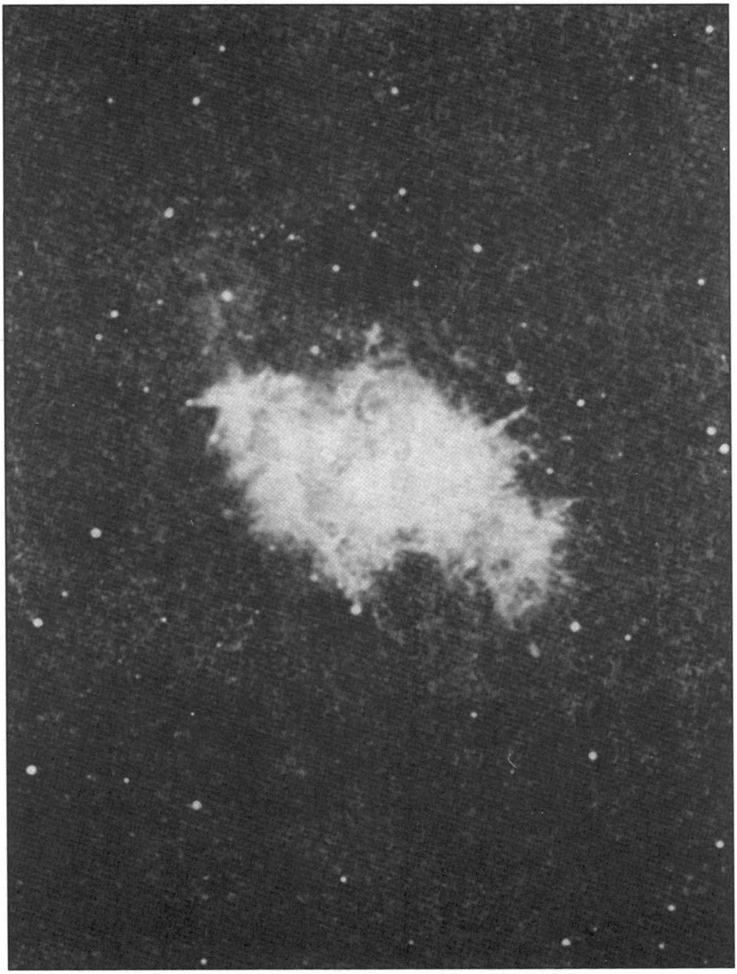

充滿生命要素的宇宙（攝自蟹狀星雲）

星雲：是塵埃、氫氣、氦氣和其他電腦氣體聚集的星際雲。
泛指任何天文上的擴散天體，包括銀行系之外的星系。

那些地方只有一片荒涼，只有岩與砂和稀薄的氣體，但是實在說仍是充滿生命要素的世界。

因為那兒仍潛伏著生命，不管有各種生物的星球，或一無所有的荒涼星球，均是一樣，雖然我們表面上看不到生物，但它仍隱藏著生命的秘密。

由分光分析所見的有機物，及調查隕石所發現的氨基酸，似乎就是如此。宇宙是巨大生命的母體也就是這種意味。只是依著場所的不同使生命要素有已產生的生物，或潛伏的或滅亡的等種種差別。故我們對於那些潛伏中的生命要素在某種意味上也應稱為生命。

那些生命就是碳氣、氫氣以及其他數十種原子和分子所結合的。這些原子，分子的本體本是無生物，經過結合後就變成生物了。而變成生物材料的原子、分子全部存在於宇宙中，因而宇宙全體可說是一個大生命體。在此有著各種生命形態不管是潛伏的，抑是生物化的均存在於此。

迄今為止科學上還無法全看清，只能捕捉它個個的現象加以物理上的說明。

事實上當然是無機物分子結合後變成有機物，有機物結合變成生物。……但

即使光是充滿岩與砂的天體也有「生命」的存在
（圖片摘自太空船所攝的阿波羅10號及月面）

這只不過是生物進化過程的說明而已。為什麼無機物會結合成有機物呢？為什麼有機物會結合成生物呢？

這「為什麼」的說明，至今光靠物理學上的看法是不夠的，必須說明為什麼無機物會成有機物，為什麼會從無機物、有機物再產生生物。

此「為什麼」的說明就是窮究生命之源。而宇宙全體也就是生命之源的發祥地，故充滿著生命的本體。

我的假設——「生命子」

我對於桐村所言多少有些領會，於是採取他給我的一些啟示及前述那些哲人與學者的理論，對於死後生命的正體設了一個假說，當然也談不上假說，只是我個人的一些想像。

宇宙全體充滿著生命——生命之源、本體、要素。這些與宇宙全部元素的基本氫氣同樣地分佈於廣大無垠的宇宙內。而宇宙也是從這生命本體開始的，在我們難以想像的超太古時代之巨大空間，因發生了不可思議的超爆發，然後從此產生了中性子與電子，漸漸出現了宇宙。這是現代宇宙科學上所說的。

海見培路教授（現代基本粒子論之父）認為這超爆發所發生的是「原物質」（所有物質的母體，未被發現的極微粒子），但蒂根（瑞士有名科幻小說家）則認為是「原精神」（支配宇宙的神秘意志）。

或許此超爆發，是宇宙生命本體的最初發動，但在中性子及電子產生之前，就有了永遠無限的宇宙生命存在的。

粒子物理學中，基本粒子（elementary particle）是組成物質最基本的單位。為什麼會存在著呢？這點人類的智慧就無法探測知道了。當然人類的肉眼也無法看到。但隨著物理學的不斷發展，人類對物質構成的認知逐漸深入，因此基本粒子的定義隨時間也有變化。或許是如海見培路教授所說的，是極超微粒子也說不定。

而此極超微粒子的形態、重量與場所均不確定幾個與能量很難區別。

超微粒子指隨著粉末顆粒尺寸的減小，其原子數相應的減少，比表面積及表面原子數佔顆粒總原子數的比例逐漸增大。

但是它並不是單單物理上的能量與微粒子，而是所有生命的基本，故不是物質的粒子，我們姑且稱呼它為「生命子」好了。它存在於全宇宙（當然依場所不同所分佈密度之濃、稀也有所不同），為生命的要素，生生不息地存在著。

例如，它的周圍若有氫氣與碳氣，與它作用就造成有機物，而有機物再與它結合成氨基酸、蛋白質，同性質的蛋白質若增多的話可變成核酸。

而它與蛋白質和核酸再結合成原始生物。原始生物則再進化成高等生物。高等生物若再給與知性時，就進化成更高等的生物，而「生命子」就是生物智能的中樞，即進入腦內，成為控制思想的中樞。

像這樣的作用，現代的科學雖尚無法證明，但我想，蛋白質與原始生物藉太陽熱及水分等的幫助而自然生長，再適應環境而自然地轉變成高等生物，這可能是事實。

蘇俄的生物化學家亞歷山大‧伊萬諾維奇‧奧巴林（一八九四～一九八〇年）曾作此實驗，以求證明，他將人工蛋白質凝聚在一塊，放在與原始地球海水同樣條件的液體上飄浮著，以等待生命自然現象的發生。

當然不容否認的，電波能量或精神子等物理上的假說也算是生命，也是宇宙生命的一部分。對於死後生命的驚人能力也有很出色的說明。不過，也僅於假說有與肉體能力不同的超能力東西進入肉體內，當肉體死時脫出而已，其他方面則沒考慮到。

當然我的假設也有很多的疑問，例如，個性問題。——「生命子」既是巨大宇宙生命的一部分，則從甲先生死體上所脫出的「生命子」與乙先生死體上所脫出的「生命子」有何區別呢？

若有區別，則與宇宙全體是一個巨大的生命本體這一假設矛盾。若無區別，則露斯女士的說法「死後生命會嚴重地反省那人生前所做所為」不是不能成立了嗎？

這些疑點，使我對於死後生命的正體——特別是它的行蹤，必須追查。

若它的行蹤能察知，則對於甲先生的「生命子」、乙先生的「生命子」……是分別飛行的！或是混而為一？這點或許能得到解答。而死而復生者的體驗，均沒有談到此點，只是述說飛向黑暗空間的亮光中。再下一步回去那裏呢？

到了亮光處，據露斯女士的說法，既不是天國也不是地獄，而是人必須自反省、自裁的空間。而此空間之下一站是那裏呢？經過嚴厲、苦痛的自我自裁後，生命飛向何處呢？這又另外是一個謎。

第三章

「生命」死後步向何處？

——二千數百年前佛典指示人的轉世秘密

光與闇中的追跡

先是呼吸停止，再一陣的激痛，其次是心臟停止跳動，腦波消失，然後苦痛也全消了。生命從肉體中脫出，飄浮在黑暗的空間。

內心感到孤寂與迷惑，但也驚奇自己擁有新的識別力。出現了微光，然後自然而然地飛向彼方。到了彼方後，忽然出現了自己一生的映像，內心感到後悔與悲痛或是滿足，若能通過此境界，一定是另一光明的世界……。

這是簡單複習至今我們所知的死後過程，依據死而復生者的證言者穆笛、露斯女士所搜集的論證，是百分之百正確無誤的。

但是也僅於此而已，再進入更深的境界就無人知曉了，若要得到證言，必須求教死後進入更深世界的人們。

可是能進入更深世界而復返的人，可說一個人也沒有，連露斯女士也沒有這份資料。

也許有靈感師曾與進入更深世界的死者溝通，但其信憑性卻令人懷疑，我們也沒辦法來調查其真實性。或許以後藉著科學的發達，可發明與死者溝通的無線電話也說不定，但在今天，人類的智慧卻無法達到。

不過，現在的科技對此仍然有些斬獲，一九七七年的夏天，日本的ＴＢＳ電視台就曾認真地製作了一個紀錄片。

地點是在關西某一處寬敞的舊式房子裏。由於聽說此地每到深夜幽靈就會出現，敲擊天花板，或弄倒杯子（的確與瑪麗・奧莉珍所言有些相似），因此才想嘗試用科學方法來調查看看是否屬實。攝影技師們在那房子內架設了最新式的紅外線自動攝影機，整夜耗費了不少超高感度的底片。

由於在夜裏這段時間並沒有任何人進入房間，因此拍攝不到任何東西。但是將接近天明時，攝影機卻無意中拍攝到了飄浮在房間上空橫行而去的奇妙光霧般的東西。

因為是用強烈的紅外線拍攝到的，普通肉眼或一般的照相機當然無法看到或拍攝到。那東西呈青白色，近似曙光，大約有人類肉眼般的大小。雖然輪廓不清，但可知它與附近的空氣有點不同。它從房間的一角出來，然後飄浮著飛行，消失於牆壁的一端。攝影師看到了這幅畫面後臉色蒼白地自語道：「老天啊！這真的是鬼把戲嗎？」

此種現象或許與死後生命的行蹤有些關連也說不定。因為某種理由不飛向遠處的空間，只停留在死後肉體場所附近，所以或許有死後的生命在此。

但這也不能明確證明什麼，也可能是光學的現象。若真是棲息在此地的死後生命，則是非常少有的，因為大多數死後生命均應向遠處飛行。

現在我們再以另一個角度來探討死後生命的問題，這是一本奇怪的古文書所留給我們的一種啟示。此古文書叫《死者聖典》或稱為《西藏死者之書》（西藏生死書）。

此書其實並不是只有一種，藏傳佛教的四大派——寧瑪派、噶舉派、薩迦派、格魯派，有各自的《死者之書》，到底是誰寫的已無從考據。

但根據一般歐美熱心研究者所言，這部書大約是在紀元前二～三世紀，西藏的土俗宗教僧們之間秘密口傳下來的，主要是談到有關死後世界的真相。

直到紀元後八世紀左右，西藏的秘教僧們將它加以整理成了一部秘典，那就是《死者之書》。

由於此部是秘典，我們無法窺其原典全貌，聽說印度及巴基斯坦也有數卷的異本，形式上大體類似，是師父們將死後真相告訴弟子的講義。

據一九一九年英國駐藏代表甘貝爾（Colonel Campbell）的報告指出，此書的版本中，寧瑪派有七種，噶舉派有五種，格魯派有六種，甚至西藏原有的民族宗教本教（Bon Po），也擁有類似寧瑪派的《死者之書》。

《西藏生死書》英文名稱 The Tibetan Book of Living and Dying，是藏傳佛教寧瑪派的上師索甲仁波切作品，英文版於一九九二年出版，被翻譯成三十種文字，在五十六個國家發行。掀起了一波前世今生、臨終關懷的風潮。

西藏秘典《死者之書》的大意如下：

1.我來告訴你們（指秘教的弟子們）。一切的人類均是由肉體與靈魂構成的。因此當臨終呼吸停止時，靈魂就脫離肉體的中樞。

2.靈魂離開肉體後起先飄浮在黑暗的空間，但是不久即可感覺到有清晰的亮光出現，因此這時靈魂就會覺得安詳，死時的病痛一掃而光，心情變得輕鬆。

3.但也有些靈魂，並沒有感受到亮光，它們仍飄浮在黑暗的空間裏，渴望著亮光出現，這是因人而異的，有些靈魂被亮光包圍，有些靈魂則僅有微光，各有種種不同。

4.過後不久，又會聽到巨大的聲響，好像是天地的鳴聲，又像是暴風雨的吼嘯。同時又有閃電般地亮光閃耀著。然後聲響及閃光消失，不覺心頭為之一震。

5.大多數的靈魂均感到驚慄。但此時靈魂忽然感覺出，有看、聽與思考能力，雖然肉體死矣！但又重新具備了肉體的各種能力。

6.而這新的肉體，無重量，具有穿透力，且能浮在空中飛行。

7.因此能輕而易舉地穿越岩石與山。事實上，的確有許多靈魂通過了喜馬拉雅山，而飛向遙遠的彼方。

8.當然也有一些靈魂，對於自己肉體的死感到絕望，或是根本不知其肉體已亡，仍徘徊在其死亡場所。終於不見光芒，而飄浮在暗黑的空間。

9.但是大多數的靈魂均飛向亮光處，也會遇見他們以前去世的親人及好友們的靈魂。彼此之間，不必用言語，藉著意志就能溝通。

10. 然後靈魂們會遇見一面奇妙的鏡子，在這鏡上會顯現出他們生前所作所為，甚至所想的事情。若是所出現的是行善好事，靈魂就會感到心安理得，但若是惡行惡事，及邪惡思想出現，靈魂將感到良心不安，痛苦難當。

11. 此外，還有各種的試煉。有些靈魂感覺被焚火燒身，及耐渴、耐寒等。反之有些靈魂會被安置在一間明窗几靜，清爽的寢室等待用餐。其死了之後均在極光明安樂之下被接待，步入其旅途。

12. 死後旅途有的很長，有的很短。途中闇與光輪流出現。有些靈魂得繼續忍受痛苦，而有些靈魂一點也沒受苦，但大多數的靈魂遲早均要脫出無限的空間，最後進入暗黑的地道中，此道有的感覺很狹窄，很苦又冗長；有的則感到很短。

13. 此暗黑狹長窄道的一端，再度出

《死者之書》出現在喜馬拉雅山的一端

現了亮光。但這並非靈異世界的亮光，而是陽世之光。多數的靈魂們在此又再度地轉世出生。但與前世所生活之處完全不同。靈魂們經過漫長黑暗旅途或光明旅途，在此再次轉生了。

死後生命會再復甦嗎？

當我讀到這本書，的確有幾分奇異的感覺，且為之驚訝不已。因為如其所述從1.項到10.項之間，有些部分確實與瑪麗・奧莉珍等人的體驗及穆笛報告和露斯女士所言極為相似。

當然古文書所言之事表現得很古老。我們在前章已討論到死後生命可能為生命子＝大宇宙生命的一部分，而《死者之書》則使用「靈魂」及「鏡」等怪異的表現法來說明。但是若將「靈魂」換為「生命」「鏡」換做「映像」來讀，則與露斯女士及穆笛報告所言的幾個例子很類似了。

然而露斯女士與穆笛博士，曾展開龐大的調查，並非憑空揑造，死而復生者有許多人脫離肉體，投向黑暗中的光亮處，且有些人自我自裁反省，這是錯不了的。而我聽到的瑪麗・奧莉珍，細谷、松本等人的體驗，也可斷言絕非幻覺了。

這些案例與距今二千二、三百年前所留傳下來的秘教文書內容極其相似，這究竟是怎麼回事呢？

解答僅有一個，那就是二千二、三百年前或是更久以前也有些人因生病或事故死亡而又復生了。

像這種人每個時代皆有，但是他們的告白大多不為人所採信，甚且被人一笑置之或鄙視之。

或許一些有智之士如穆笛及露斯女士一樣的人，認為這是解開生死之謎的鑰匙，而加以整理記錄。

他們收集了死而復生者的體驗集，再加入哲學的觀察而將死後的真實情形傳給了後世弟子。若是真的如此，那麼這部《死者之書》至少有三分之二的實際體驗是真的。「靈魂」鑽出喜馬拉雅山飛向宇宙，在「鏡」中看見自己過去而自責，這只是象徵性寫法。

然後從11.項到12.項，出現了在火、冰中受苦的靈魂，安詳的靈魂，飛向明亮光處的靈魂，因人而異，其靈魂也有種種區分，換言之，可見不管進入多深的死後世界，其靈魂的各個個性並未喪失。

若這樣說來，甲先生的死後生命、甲先生的生命子飛向何處，仍然是甲先生的生命子，不會與乙先生的生命子混在一起。甲先生的生命子雖然是廣大宇宙生命的一部分，但仍保持著其個性。

實在是太不可思議了，令人難以理解，此種二重的存在是有可能的。

最後是13.項的問題。書中談到，多數的靈魂通過狹窄黑暗的地道（**或許是產道吧！**）然後再投胎出生。我們最大的疑問——死後生命行蹤的結果終於在此獲得解答。

本書所取材的及穆笛、露斯兩位所調查的復生者均沒有步入如此深的階段。而《死者之書》所調查對象當中，有人深入此世界又復生的嗎？

真實詳情不得而知，這也實在是個棘手的問題。也許有人體驗到此，也許沒有。若是真有此人的話，則《死者之書》的全部就極近真實性。若是沒這回事，那麼這部書的三分之二可能是事實，其餘部分則由秘教僧所編造的。

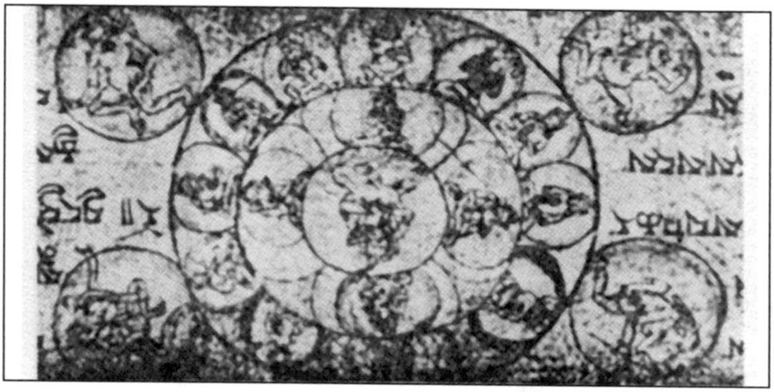

《死者之書》的原典《帕路多・索度普》教典

《俱舍論》包括了有部的阿毗達磨論如《發智》、《身論》、《法蘊》等六足論及《大毗婆沙論》的要義，乃依據《毗婆沙論》來解釋阿毗達磨。

其要點大約整理如下：

1.人類死了後將變成如何呢？死了之後肉體與肉體外的東西分離，這就是死者。死者保持著生存所看不見的形體。

2.這謂之「細身」，生者肉眼所看不見的微細形體（可能就是微細粒子之體），因此能輕易地通過任何堅硬的物體。

3.死者並非具有形體而已，死後的人類也具有眼、耳、鼻、舌與肉體類似的感覺。只是沒有肉體的眼、耳、鼻形態，具有機能而已。

4.故死者也能看、能聽、能聞，且能吃飯。只是他們所食者僅是食物的「味道」，而且因人而異。若死者生前行善積德，就能吃到香味。若是惡行昭彰者僅能食到「臭味」。

5.當然死者也具有浮在空間及飛行的能力，不管是離多麼遠的地方，均能一瞬間飛到。

6.這樣地在空間上飛著或飄浮著，但是死者們也包含有再度出生的能力，這就是轉世。

7.只是並不能照著自己的意願而隨時隨地能轉世，必須根據其生前行為來決定轉世地點，當然死者生前行為的好壞，會適當地決定其轉世地點。

8.此「地點」是指生命出生的場所及其他的條件，特別是指男女的結合。任何地方的男女結合，女性將受胎之時，若這是適合某位死者的出生，死者一瞬間就投向此處而進入受胎。於是就成為新的生命體——即適合死者生前行為的生命體。

9.生前惡行累積的死者若再出生，也只有光受人報應的份。直到死為止，絕對不會改變。當他們死後知道這法則後，要想再出生好地方為時已遲矣！

10.而再度能出生的時間長短不一，有的死者在死後很短時間後就可轉世，有的死者則須經過漫長時間，在空中飄浮，甚至永遠無法出生。當然這再度出生的時間長短，也與死者身前所作所為有極大關係……。

精子＋卵子＋死後生命＝嬰兒

以上就是《俱舍論》簡略摘要，內容有點說教勸人向善味道，我想惡人看了一定不好受，在此書省略了「鏡」與「火」的表現，而代以死後生命如何轉世。此意味多少與《死者之書》的原意有些類似。也許在此《俱舍論》寫成之前已有死者更深入死後世界，而知再度轉世的法則，再傳給世人知曉。

以現代常識觀點來看，可能認為這是無稽之談，一個新生命——嬰兒的誕生，由男女的性交及精子、卵子的結合已經很充分了。而二千數百年前的佛典卻偏說須加上死後的生命，新的生命才能誕生，這不是與現代常識離譜了嗎？

或許有人會一笑置之……。但是，另一方面我們已經有了死後生命＝宇宙生命的一部分↓生命子的觀念。

也承認了穆笛及露斯的論證，若承認了死後生命的存在，那麼，以下的理論我們也必須認同。即宇宙生命↓生命子既進入生者腦中，當然也會進入出生的嬰兒腦裏。

當然我們會有了另外一個疑問，這嬰兒的生命子是從那裏來的呢？這時人就會想到佛典「死者的生命飛來與精子、卵子結合」這奇妙的見解，就不會再視此為可笑了。

在某種意味說來，我並不喜歡這種奇妙的看法，由生前善惡的行為來決定來生轉世，多少有點勸善懲惡方式，但是，再回頭想一想，何謂善行，何謂惡行，在此段階完全沒有給我們明確的指示。

而露斯女士所言的死者的自裁空間，也沒有表示出以何種行為基準來自我自裁。

死後世界具有這種生者所不能了解的自裁規則嗎？而且轉生時只會依據生前行為來再出世為適合我們的生命體，具體而言是什麼呢？

由於這些都沒有明確的指示，我們只有再深入探討了。而佛教所教導我們的並非只有這些罷了。《死者之書》為外側之箱，《俱舍論》為內側之箱，而我們仍須打開更深一層的門扉。

古代的印度佛教哲學思想翹楚之一的「第八識——阿賴耶識」（**心，集起為義，根本識**）又帶給人們新的衝擊思想……。

佛典明示人的七種「識」——從感覺到潛在意識

《四十二章經》佛祖在世時，曾問諸弟子，人命在幾間？有弟子回答：在呼吸之間。佛祖聽聞，點點認可。眾生一口氣轉不過來，就又輪迴去了，人生的長度就像是一呼一吸。

人的生命實在太微妙了，依據佛學上所說，我們人類均擁有七種「識」。所謂「識」包括感覺與意識。從第一識到第五識即「眼、耳、鼻、舌、身」五識，依於有情的五根所對應的五塵而命名，「根、塵、觸三生識」。眼識了別色塵，耳識了別聲塵，鼻識了別香塵，舌識了別味塵，身識了別觸塵。

第六識通過五感的「意識」，了別法塵。體性為「審而不恆」，能對色、聲、香、味、觸等五種塵境界上的法塵做詳細的分析、推理、記憶等。人睡覺之後，從第一識到第六識幾乎停止，即呈休止狀態。代之而起的是已不算是意識的第七識出現了。

第七識是稱為「意根」或「末那識」，其代表為「夢」，體性為「恆審思量」。意識覺知心必依之而後方能現起，是意識之根，故名意根。當第一識到第六識被壓抑無法達成本心的願望及內心感到恐懼時，當我們進入夢鄉之後，此潛在意識即刻浮起轉變成夢。在夢中我們感到膽怯、喜悅、煩惱等。

當我們清醒時，此種潛在意識也一直存在的。例如，有些表面上看來似乎具有鐵腕的權力者，其實他膽小如鼠。有些貞淑女性，其心扉深處其實渴望異性的情慾。諸如此例，皆是第七「識」的作用。

這種意識非常強烈，甚至至死均不會消失。當死神來臨時第一識到第六識均與睡眠時一樣漸漸阻塞，而惡夢及內心潛在意識則強烈出現。特別是「我不想死，我想活下去」此種潛在欲求會直到嚥下最後一口氣為止。

川田博士的解說認為，這種潛在欲求最強烈時是因為我們感到「若死了一切都完了，再也無法從黃泉回到人間」這種恐懼感。……但不久這潛在意識也停止了。然後步向暗黑的深淵，當人死後這感覺與意識也就消失殆盡了。

第八識「阿賴耶識」是什麼？

第八識「阿賴耶識」，又名「阿梨耶識」，是根本識，是世界和眾生「自我」的本源，中含藏有無數的種子，可以引發人的善惡行為（主要指思想活動），也是輪迴的主體和解脫的依據。

一切眾生每一個起心動念，或是語言行為，都會造成一個業種，這種子在未受報前都藏在阿賴耶識中，因此此識有能藏的含義。

當第一到第七「識」消失的瞬間，人心靈深處又出現了第八「識」，這是佛教上所說的。

第八識「阿賴耶識」其意為「根源」、「秘密」。也就是說人類為擁有第一到第七「識」的生物。但實際上仍還有一識，若不到死就不會出現。

其性質是什麼呢?佛教認為既然是「識」以上,就擁有認識力、判斷力與思考力。第八「識」比表面的第一至六「識」及潛在第七「識」的能力都強,即第八「識」是第一至第七「識」能力與性質的組合體。

前面曾談到當我們睡時第一識到第六識都停止了。但並非消失。這些「識」全部與第七識的潛在意識組合,而出現在人美夢與惡夢之中。

死後也是同樣的道理,人死後第一識到第七識均停止,但並非滅亡,這些「識」全部組合,第八「識」即出現了。死只是比熟睡更深一層的次元狀態而已。

這時肉體已全部滅亡,第八「識」卻開始獨力活躍起來。不必受肉體控制而能自行活動,也就是說已脫離死亡的肉體了。

但保有活動的能量,且第一「識」到第七「識」的能力全部組合,以另一種生命的形態出現。更能超出肉體的限界來活動,比僅擁有第一到第七「識」的生前生命更具超能力,即已是高次元的生命了。

因為保有第一「識」到第七「識」的能力,故能看、能聽、能思考,而且第八「識」自體所擁有的能力（從肉體限界脫出的飛行力等）也能隨心所欲自由地使用。但終究此為潛伏在空間的生命，故具有再度希望轉生為有肉體的生命體強烈傾向。

例如，地中潛伏的種子具有發芽、開花表現的性質，浮在遙遠星雲的有機物氣體也會出現與蛋白質結合的形體。

第八「識」也是如此。因此雖然第八「識」從滅亡的肉體中脫出，但不久仍會再出生為帶有形體的生命。

只是不能依照自己意願的形體及地方來出生，而是依據成第八「識」的第一識到第七識來嚴格的限制。

即按照個個死者生前所想所為，其出生的條件、地方也就迴異。而第八「識」所具有的超能力，則會選擇此附合自身條件的地點，飛行而去，進入了這新生命體。

這樣一來死者生前第七「識」的欲求，「不想死掉，想活下去！」在此又重獲連繫，即第七識又開始活動，「想出生」的無意識欲求也就出現在嬰兒內。

然後第六「識」也開始在嬰兒腦中活動。接著第五、四、三、二、一……嬰兒嘗到了母乳的味道，聽見辨別了母親的聲音，也分辨出了光與闇。

七種「識」又復活了。第八「識」則重新埋入第七識的深淵下。而第一到第七識也就這樣反覆循環不絕。

我們的出生，固然帶著業的種子，由「業因」而決定。一旦出生了，也自然會造各種業，又將業的種子藏到第八識去。第八識到了下一生，種子成熟了，稱為「果報」。一生一生把種子藏進第八識，一生一生的果報，也從第八識的種子顯現出來。

這就是生命的永遠循環。人類的生命也就這樣生生不息，永久一直下去……

追究死後生命的行蹤

三界為心所作，心即是佛，佛即是心；一切法都是我們心識造成的。

當聽了川田博士解說的「唯識論」後，的確欽佩不已，且感到異常驚訝。

像這樣明快深入地說明肉體的生命↓死後的生命↓其行蹤，實在是前所未有的。舊的聖經或新約聖經所談的死後觀，提到若死者生前信奉主耶穌就能上天堂，否則就下地獄了。

地獄裏有張牙的惡魔，將百般地肆虐死者，而上天堂的人則將永生。女性則成「基督新娘」即人只限定於一死就完了。無死後生命循環之說。

實際上佛教也有地獄、極樂思想，及前述的「三途川」「鬼」等俗說。但這也是極深的誤解，真正深奧的佛典絕沒有此說法。這是俗說所無法想像的。在此隱藏著解開死後生命行蹤的秘密。這就是第八「識」的阿賴耶識。

此就總認為一切從死亡肉體脫出的生命均充滿著空間。則由桐村泰次的啟示而發展的宇宙生命↓生命子的假設在此得到大大的證實。而穆笛、露斯所確定的死後生命的浮游、飛行、認識力也由第八「識」而得到證明。

此外，另一棘手問題——死後的生命為何仍保有其個性。關於這一點，由第八「識」也可得到解答。第八「識」是由第一到第七「識」的全部所組合。因為第一到第七「識」徹底擁有人固有感覺、感情及意識。而第八「識」也擁有自身的個性。

而且第八識自體深藏在無意識之下。故與C・G殷谷——天才心理學者所說的：深層無意識↓集合無意識↓極相似。

殷谷認為隱藏在人類內心最深處的無意識，並非個人所有，而是人類心裏共有欲求與願望（如渴望繼續生存，保有生命，在社會上出人頭地等）。

若其如此則甲先生與乙先生……無大區別，大家均持有共通之心。——一個巨大生命作用。

第八「識」與上述大略相似。即第八「識」也是一巨大生命的一部分而潛伏於此。但也完全保有個別化的一人一人生命。即得有一體之兩面。

因此第八「識」也將有再出生的性質。但也考慮到因第一識到第七識所受到的出生條件限制。

希望保有生命，在社會嶄露頭角等的欲求雖是人類所共通心理。但如何保有生命、如何生存等的具體化，則徹底由其人的感情、意識來決定。

甚且在更高深的佛法上在此有「九識」說法。九識稱為阿摩羅識，此識乃一切眾生清淨本源心地，諸佛如來所證法身果德，在聖不增，在凡不滅，非生死之能羈，非涅槃之能寂，染淨俱泯，湛若太虛。

九識比第八識更高深。此為宇宙真正的根源。也是人類生命真正根源。若能深深領會感受到此「九識」，人類就會脫出渺小的自我，而化為與宇宙生命一體化的真正生命觀，而無恐懼達到自由與喜悅的境界。我對於這種說法難以理解。但若真是如此，則「九識」已超越了肉體的生命，而達到永遠生命。

總而言之，總算死後的生命由此得到了解答。而「再生」法則也確立了。但還是缺乏真實證據。此明快的八識、九識思想如何來證明呢？無論如何來說，我們這些疑慮較深的凡人仍希望獲此實際證明。

而這證明要去那裏尋找？不太可能吧！那些已通過漫長死後之旅，而再轉生長大，且保有那死後旅途記憶的人，究竟在那裏呢？

第四章

何謂「前世記憶」

——請聽自稱前世是他人者之語

布拉蒂·瑪菲之謎

「來吧，路斯·史夢芝夫人——請躺在床上，放鬆心情……。不必擔心任何事，治療馬上就可結束了。」

這是一九五〇年秋的某日，在美國科羅拉多州普葉布羅地方的有名催眠師卡溫謝拉·巴斯坦因正對著一位為煩惱所困，姿色平庸的中年婦人所說的話。

「請看著我的眼睛。史夢芝，嗯、對，就是這樣。……妳將漸漸入睡，心安氣爽，……然後想想妳丈夫的事情。想著妳可能誤解了丈夫。妳丈夫絕對沒有嫌棄妳的意思。只是稍微輕佻、喜歡尋花問柳而已。他實在還是很愛妳的，非常喜愛妳的。

而妳認為從小孩開始就過著不幸的生活，這也是妳個人偏激的想法，實際上妳父母親也是很疼愛妳的。妳再回想一下……史夢芝。……妳看到了年輕父母親了吧。妳那時八歲……七歲……妳在玩什麼呢？」

路斯·史夢芝微微地嫣然一笑，歇斯底里的表情稍微開朗了些。緊閉的雙眼映出了往日歡樂時光。她斷斷續續地憶出父母對她的鍾愛之事，呢喃著少女時代所玩的洋娃娃、積木等玩具。

巴斯坦因不由得鬆了口氣，這次的治療已成功了一半。此種追尋潛在意識中的記憶，能恢復患者對於愛情與人生自信的療法——逆行催眠。

再使患者領悟出出生以後所接受的父母偉大親情之愛，這樣一來現在這位女性的憂鬱已消失大半了……。

巴斯坦因就是常利用這種微妙的誘導，即使是棘手的病例也能成功。

史夢芝現在正回憶著自己出生後的情景，感觸到小小的床、嬰兒的衣服，喃喃低語著母親正對自己笑逐顏開，觸及到尿布及慈母豐盈芳香的乳房。

「多美妙啊！……」

巴斯坦因拭掉了汗水，「妳是在這樣倍受深愛與呵護之下長大的呀！」他在史夢芝耳邊低語給她最後的暗示。

但忽然間，史夢芝出現了痛苦表情，全身反抗性的亂動，而呻吟著。

「太苦了……太暗了……我實在受不了！這麼窄！早點讓我出去吧。早點從這邊……。」

巴斯坦因大吃一驚，他生平頭一遭體驗到了這種奇怪的事情。但從所學的催眠心理學上知識來判斷，他立刻知道，這是史夢芝因回憶通過母親肚內出生時所發出的痛苦聲。

這激起了巴斯坦因極大的興趣，由此再進一步追溯下去，或許能發現她更早的記憶。……這是什麼，他雖不知道，但是他正拼命地用全副精神與所學技術來誘導她。

「一點也不苦啊！史夢芝。妳現在不在那狹窄的場所，妳再向前追看看。……回憶先前的時代……非常早的……嗯！對的。妳現在在那裏呢？史夢芝。」

史夢芝扭曲著身體，好像要死了似地喘著氣。經過一般長時間，她一直低吟著。……但突然之間她以清晰的口吻回答了。

她的回答一語驚人，不僅震驚了巴斯坦因，可能也強烈震撼了全人類。她現在回答的腔調與以前截然不同，是以一種嬌滴滴且快速的語調來回答。

「誰？是誰呢？為什麼叫我史夢芝呀！這不是開玩笑嗎？我不叫史夢芝。你搞錯了吧！我叫布拉蒂・瑪菲。」

巴斯坦因呆然而立，由於職業意識與道德心支持著他，他並不想溜之大吉（因為是在很深的催眠狀態下，若棄而不顧是很危險的，若急遽地叫醒她也是危險的）。

他壯了下膽，稍微顫抖著繼續誘導她：「布拉蒂……布拉蒂妳現在在那裏呢？請妳告訴我周遭的情形好嗎？」

布拉蒂回答說：「在那裏我也不知道，不過可看見被煙燻得漆黑的街道，此處充滿了古鎮風光。鎮的入口處有寫著『科古』（鎮名？）標識，及奔走鎮上的馬車。」

此外她說了她是鎮上附近一家的主婦。丈夫開一間雜貨店，她並且描述了雜貨店的樣子及丈夫的面孔、體形及所穿的服裝……。與她現在的丈夫完全不一樣，巴斯坦因知道她現在的丈夫西蒙士是位高壯瀟灑、性善遊樂的男人，而她夢囈中所說的這位丈夫則是位板著臉孔、粗俗、矮小的男人。

並且從囈語般的言語中可知她所說的口音不是二十世紀美國西部的腔調。雖然也是英語，但巴斯坦因從未聽過人說這種話，她的言語已帶古調，並且是很遠地方的方言。科畔、卑魯、卑魯‧他滋盎斯、培里姿古羅斯……。

巴斯坦因聽不懂她到底在說些什麼，因此認為若再繼續下去或許會破壞了她的腦部，於是決定使她重回現實。他專心一意的誘導她，再喚回了她的記憶。

在這期間，史夢芝曾叫出令人恐懼的聲音，擺頭張望，且從床上坐起，向空中作游泳狀。

然後再經過一段長時間，她又回復到母親乳房的記憶以及少女時代的洋娃娃。……「嗨！妳也該醒醒了吧」巴斯坦因在她耳邊耳語，於是她張開了惺忪的睡眼。

「好極了，妳記得剛才所說的話嗎？」

巴斯坦因性急地問著她。史夢芝精疲力竭似地搖搖頭說：

「什麼也記不清了。」

「是嗎？但是妳剛才在胡言亂語啊！妳說妳的名字不是叫史夢芝，而是叫布拉蒂。」

當巴斯坦因告訴她時，她歇斯底里似地笑著，然後勃然大怒道：

「這不是被戲弄了嗎？布拉蒂是誰？我叫路斯・史夢芝呀！」

百年前在愛爾蘭出生的嗎？

巴斯坦因腦中一片混亂，但也非常興奮，當他安慰史夢芝回家後，立刻將剛才她談話的內容全部記下來，以免遺忘。

然後到當地的報社及圖書館去查一些資料。首先查的就是史夢芝剛才脫口而出的鎮名「科古」。

此地名在科羅拉多州沒有，但在美國本土卻有四處之多。可是都是位在海岸、工業地，及鑛山邊，沒有史夢芝所謂的古石道的小鎮。

於是他再詳細調查國外的地圖，最初查普通地圖，後來又查了軍用及測量用的精密地圖。……這樣花費了三天的時間，終於在英國愛爾蘭的片隅被他找到了一個名叫「科古」的小鎮。

事不宜遲，巴斯坦因立刻趕到此地。一方面當然也是好奇心驅使他想查明

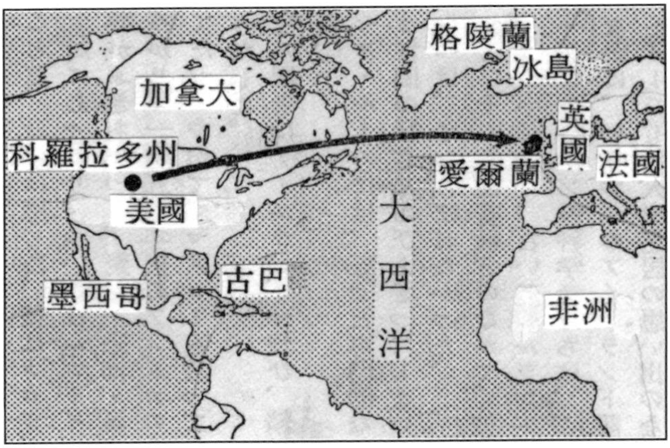

史夢芝是超越了百年而在愛爾蘭出生的嗎？

真相，他搭乘小型客機然後換乘火車及計程車，終於來到了這個小鎮。

此鎮確實有古石街道，這是經過長年累月所遺留下來的古鎮痕跡。現在雖然沒有二頭馬的馬車在行走，但在三十年前大家均坐馬車的。由旅館女主人處他獲知了這個消息。且當地人說話的語音與逆行催眠下史夢芝所說的腔調非常相似。

他又問及在旅館附近的幾位老人，得知史夢芝在催眠時隨口而出的幾個單語是這個地方十九世紀所使用的愛爾蘭方言。

由更年長的人處他得知了在十九世紀半時，的確在鎮上有一個叫瑪菲路的雜貨店。而瑪菲路的太太就叫布拉蒂多。不過這也是老人們小時從父母親那兒聽來的。聽說布拉蒂多是位美人，但饒舌、壞心眼、且水性楊花，欺壓丈夫。極任性拔扈……。

當她到了中年時，有一次爬樓梯不慎摔死。嗯，對了！巴斯坦因想到去她的墳墓探個究竟不就明瞭了嗎？於是他詢問了鎮民，到鎮郊墓地去尋找看看有否布拉蒂的墳墓。

到了墓地一個個仔細查看，在荒僻一角看見了一個小石做成的十字架。由於年代過久已破舊不堪且長滿青苔，名字也模糊不清，只能勉勉強強看見B……D……URP……18……5幾個文字與數字。此時愛爾蘭蕭瑟的秋風正吹著十字架，平添了逝者幾許的幽怨，令人不勝噓嘆。

巴斯坦因有些心寒了，他覺得這實在是件棘手的問題。回到科羅拉多州後，他立刻將這件事情的經緯告訴了報社及當地的廣播電台。接著他又寫了一本書《布拉蒂・瑪菲的追跡》付梓出版。

於是在全國各地激起了反響。驚懼、恐怖、疑惑、嘲笑、指責、反論……。像野火般地燃遍了整個社會，成為一九五〇年代美國一大事件。起先只有地方新聞、雜誌報導，不久許多大眾傳播均報導此事，連「紐約時報」及「生活」雜誌也競相報導這件怪事。這兩社的記者飛到了愛爾蘭，並且與精神科醫生及歷史學家交換了意見，進行徹底的證實調查工作。

史夢芝更進一步的由專門的催眠醫學者再作逆行催眠，但是由於她已畏懼社會上的流言及騷擾，這次催眠效果並不好，只停留少女時代為止，不能再作進一步的回憶了。

調查工作方面也有了新的發展，那就是史夢芝在幼年時曾住在芝加哥，在她家附近有一所小劇院，她曾在此看過好幾次有關古愛爾蘭的木偶戲。

那些反巴斯坦因的科學家們得到了這份消息，非常喜悅，認為史夢芝在幼小時的記憶裏已多少混雜些愛爾蘭語，且記憶中的古石道小鎮及馬車的印象均是受了小時候看愛爾蘭木偶戲的影響。

並且也無布拉蒂與布拉蒂多為同一人的證據。又這樣重要的催眠告白卻僅有巴斯坦因一個人在場聽見（這是最弱點）顯然有詐欺嫌疑。或許是他已先調查了愛爾蘭布拉蒂多的生平，而藉史夢芝的傳言，所玩的騙人耳目把戲也說不定。

許多人均抱此推理觀點，因而社會上的熱潮急速的冷了下來，皆認為巴斯坦因是個騙子，利用無知女性孩提時的記憶加以編造故事，欺騙世人。

但是此種指責實際上並不能解決問題。例如，史夢芝在催眠中時脫口而出的「他滋盎斯」及「培利姿古羅斯」之語。或許她所說的其他愛爾蘭語與她小時候看木偶戲有關連，但前面所談到的那兩個單語則與她看木偶戲無關，根據學者調查結果，在愛爾蘭並沒有這種單語。

因此，這件事可能就不是胡扯揑造的，若是編造騙人的，絕不可能使用已不存在的言語。

並且科羅拉多大學的年輕語言學家們，認真到愛爾蘭調查，以了解事情的真相，終於有所斬獲。

「他滋盎斯」是大約百年前科古鎮及愛爾蘭中部，在短暫時間內所使用的硬幣名稱。

「培利姿古羅斯」也是百年前位於科古鎮附近的小村名（全村大約只有六戶），後來因地名變更也就無此村名了，並且六戶人也漸消失，這是從住在倫敦的前六戶人家之一的子孫處所借來的古書信類而得知的。

史夢芝說出了這兩個單語，因此若說她和巴斯坦因有同謀之嫌，或是巴斯坦因是個騙子，捏造故事騙人，應該不可能。因為他們絕對不可能事前就了解這已變成死語的單語。

科羅拉多大學調查團將此結果公諸於世，可惜為時已晚，因為熱潮已過，事過境遷，難再引起人們的矚目。且美國人民們對於路斯・史夢芝這一事件多已有「騙人的把戲」固定觀念，甚至已淡忘了。

假若史夢芝是布拉蒂，那她至少是一世紀前的愛爾蘭人所轉生的。實在令人難以想像與解明其因，故至今仍留下了一團謎……。

諾芭多夫人親身實驗以解過去之謎

雖說路斯・史夢芝事件已成過去，但是，有些人對此問題仍極感興趣與關切。住在印第安那州的諾芭多・威利阿姆斯夫人就是其中一位。

她出身教養良好的家庭，是位年輕美婦人，丈夫經營多種商業的連鎖店，是當地大學的理學部畢業的，他們家境很好。

諾芭多一方面是對這類事情抱著好奇心，因此她不管路斯・史夢芝事件是否無稽，或是轉世的有無，她決心要親身來體驗。

「因此，我決定以自己上實驗台來實驗。……若一切都準備好了，就請您替我作逆行催眠。」

她向丈夫的叔父理查庫克要求此事。庫克是位心理學家，且擁有極優的催眠技術。

庫克對於她的這項決定非常驚訝，於是在她的丈夫勉強贊同下，終於踏上了實驗之途。日期訂於一九五八年的夏天，由於諾芭多夫人不希望招致無謂的疑惑與風波，按照她的意願只有幾位醫生、心理學家被邀請。於是開始了這項別開生面的實驗。

最初的實驗很不理想，兩次催眠均只停留到學生時代，無法再向前追溯。但是到了第三次，諾芭多夫人終於進入了深深被催眠狀態，通過了幸福的少女時代，達到了回憶起母親乳房的時光。

然後再經庫克的深深誘導，也好像到達另一境界似地……她突然按著她的側腹在床上翻來覆去地叫著：

「啊！我快要死了，醫生呀！快來救救我……讓我早點脫離苦海！」

庫克大吃一驚，而諾芭多夫人的丈夫及其他在場者也皆屏息而立。她現在所發出的叫聲已不是上流社會夫人的言語，而是南部德克薩斯州的口音，並且是年輕男人所發出的喊叫聲。

她的表情也起了變化，聲音的本質及臉龐雖然不變，但臉色給與人的感覺已不再是尊貴有教養的年輕夫人，而變成粗獷的年輕人。庫克繼續誘導她，她（他？）接著再以濃重的南部口音說著：

「我的名字嗎？約翰・督那路多索。職業？南軍的士兵。都是這鬼戰爭。我本是在農場工作，被南軍抓去充軍的。也沒給我槍與子彈，實在是強制被拉去充礮灰的。……地點？這裏是那須卑魯……地獄的那須卑魯啊……」

由他的談話中已可得知他（她）是一八六〇年代，南北戰爭中被南軍拉去充軍的農民兵。那須卑魯則是農民部隊突然受到北軍砲兵隊的包圍，在無武器下活生生地被砲彈摧毀的古戰場名稱（現為商業都市）。

他娓娓而談及當時的慘狀。在還沒被南軍抓去充軍前他是在路易士安那州的休里普波多和父親及兄弟共同經營一個小農場。他並且正確地道出了他的出生日為一八四一年三月四日。

這時夫人的臉蛋泛紅，情緒激動，氣喘喘地說著。她丈夫恐生意外，要求停止再催眠，於是庫克再誘導她，使她覺醒過來。夫人不久就睜開了眼睛……對於剛才所談及的話題完全記不清了。她現在以上流社會夫人的措詞回答著。

經過這次催眠後，參加這次催眠的人就開始展開了調查。他們來到了距此一千二百公里的路易士安那州，開始了為期四週的調查，終於發現了一連串驚人的事實，謎底漸漸明朗化。

兵士約翰督那路多索，確實有此人，根據教會及區公所的古記錄徵兵名冊，即一目瞭然。他是一八四一年三月四日出生的。到十八歲為止均在休里普波多的農場度過，但隨即被南軍抓去充軍，既沒有發給他軍服也沒發給他槍彈，就被送到戰場去。雖然沒有戰死在那須卑魯古戰場的記錄，但教會卻留下了「入隊後不久即行方不明」記錄。

此件事被公開發表後（由於夫人不想引起無謂騷擾，故僅在地方版新聞上刊載），起初批判者尚表沉默。但不久即引起數位教授及地方政治家的揶揄與冷嘲熱諷。

他們認為這是騙人的把戲，是由夫人及庫克及在場者先串通好來欺瞞大眾的，在場者已被夫人收買。這事件比史夢芝的事更荒謬。

「他們真要如此想就隨他們好了，反正真相已完全由科學方法證實了，不是嗎？」

夫人只說此話，其他一概緘默，不想加以辯解。以後雖然中傷與嘲笑仍繼續不斷，但對於此實驗終究不能提出科學上的反論……。

巴基尼亞大學調查團的執念追求

但前述實驗終究只屬於個人，這時一個大規模組織調查此現象真偽的調查團應運而生，那就是巴基尼亞大學以伊安・史蒂文生博士（社會心理學者）為首的調查團。

他們認為若繼續在美國本土調查，因大眾傳播的影響只會徒增困擾，無法正確判斷真偽，所以他們選擇了印度為他們的調查地。

當然這也是有理由的，因為在一九五二年在印度曾發生了香蒂・荻薇的奇異事件。

香蒂是印度首都新德里一位小商人的女兒（十歲），她卻常常告訴人說：「我實在是姆德拉（離新德里一千公里以上的古都）地方的人，年紀當然比現在的我大很多了。」而且她還有聲有色地描述，她從未去過的姆德拉當地風景及親朋之事。

她的雙親，很為這孩子擔心，帶她去看醫生，但醫生也沒發現她精神上有何缺陷，醫生將這件事告訴了報社，商談結果，決定由記者陪伴她及雙親們一起到姆德拉去一探究竟。

到了當地，香蒂好像老馬識途似地在此錯綜複雜的街道上快步地走著，來到了一間房屋門前站立說：「這就是我的家。」

當她看見了一位從房中出來大約四十多歲的中年男性，很驚喜地道：「啊！你也變老了……」喜極而泣地訴說著。

根據她所言，她是這位男人的妻子，在生產時因失血過多而死，當她看見了她的兒子，含淚而欣慰的說：「孩子，你也變這麼大了……。」

十歲的少女對於二十幾歲的青年擁抱著叫著「你是我的兒子」。此般情景，實在令人為之側目，引為天下奇聞。

但諸如此類之事並不只是發生在她身上而已，在印度就有許多這種奇怪的事發生。因而巴基尼亞調查團選擇了印度，從心理學、遺傳學、精神病理學……等各方面去深入調查。

從一九五四年開始，持續了近二十年，這段期間調查團的人員，當然也更換了不少的新人以補舊缺。每一組有二、三人，到傳說有這類事情發生的地方進行調查，在這近二十年間共調查了二千例。

當然大部分案例經不起科學上的求證，只是謊言、幻覺、誇大妄想、迷信而已。團員們以冷靜地頭腦來判斷事件的真偽。但也有例外的。在二千例中大約有一％、包含香蒂在內共有二十例，經深入調查結果，科學上無法判定他們為虛構或幻覺。這些例子均存有記錄。

於是調查團編了一本《持有前世記憶的二十人》，由巴基尼亞大學出版，在日本也有三本翻譯，在此選了一些代表性的例子來作參考。

此調查結果令人懷疑嗎？

布拉卡休（男、二十六歲）——生於印度南部契答鎮，為一窮工匠之子。三、四歲時得了奇怪的病，每到夜晚，夢囈似地跑到街道上，然後發出囈語：「從此地一直走就是科滋卡蘭（大鎮名），我就是波拉那斯家的尼路馬魯。我不是窮人家小孩啊！我本是在科滋卡蘭出生的。」

他父母親被他攪得沒辦法了，只好帶他去見醫生，但醫生也沒發現異狀。只好帶他去科滋卡蘭看個究竟。

布拉卡休最初有些躊躇，但不久即走入不知名的街道，進入了一家豪華的波拉那斯住宅。

他對著主人波拉那斯大叫「爸爸！」又叫著「傑地休哥哥」「斯麗瑪蒂姊姊」等，一一會見了家族的人。指著主人第二兒子尼路馬魯生前（五年前死於天花）所玩的玩具說：「啊！這是我的玩具。」

兩家們對此事均嘖嘖稱奇，引為人間奇事。以後布拉卡休的記憶急遽地變淡，對於波拉那斯家的關心也逐漸淡薄，現在只是當了一名平凡的工匠過活而已。

※　　※

斯娃蘭達（女、二十三歲）印度西部契答拉普魯高中的植物老師。當她六歲的某一天，突然跳起當地所未見過的舞蹈。她父親大吃一驚，經調查結果發現此舞蹈為離此地二千公里以上的孟加拉地方的古舞蹈。

在她的家附近也沒有住孟加拉地方的人，而且在各地方獨立性很強的印度來說，娛樂也因地方而異，故從電影中看到學來的可能性也不大。

這時斯娃蘭達說出了真相，「我本是住在孟加拉的人」她繪聲繪色的描述她家的情景及家族的事情。

她父親覺得這實在不可思議，就在她十歲那年帶她到孟加拉去，在那些街道上她漸漸恢復明確的記憶，找到了她以前住的老家，看見了一位年長的人及兩位青年，她喜極而泣的說：「這就是我的丈夫和我的兒子。」

此屋以前確曾住過一位喜好舞蹈的主婦，但在十幾年前因心臟病去世了。

※　※

巴莫度・夏路木（男、三十二歲）是住在波薩屋里鎮的商人。打從孩提時代開始就很討厭「卡多」（音譯，一種印度式的發酵乳酪。與咖哩同為印度人最愛吃的東西）及洗澡。當他看到熱水、水槽或「卡多」時，身體就會渾身不舒服，起了恐懼感。

他自己也感到很奇怪，十七歲時，有一天偶然在鄰鎮邂逅了一位年紀比他大的漂亮女性。他就拼命地追求，但又不太像是戀愛，他只是一心一意地照顧她，當她穿著邋遢的服裝時，必定嚴厲地叱責她。

有一天他突然認為或許她可能是自己的女兒，於是他開始極力地追憶，以前的記憶忽然湧上心頭，想起了他前世所住的家（在另一城鎮），他決定探個究竟。

在他前世之家，他看見了自己的妻子（已變成老太婆）及已成為老人的堂兄。這時他完全想起了前世之事了。

原來他以前住在此地，生性酷好「卡多」由於吃得太多以致得了胃潰瘍。而聽說民間療法用熱水及冷水交互來洗澡能治好此症，他如法照做，結果卻被此法折騰而死。

※　※

古娜娜蒂麗卡（女、三十歲）生於錫蘭島的貝多那耶娃村。從七歲開始發囈語說：「我原是生在山另一邊塔拉娃克里村，名叫提里克拉度涅的男人。」他父親是郵差名叫羅那。母親有著圓胖的臉。姊姊在某學校唸書等等……，均能清楚描述，甚至連他家飼養的小狗名字，以及它的事情也都能清晰無誤的說出來。

她父親及哥哥感到這事實在有點怪異與可怕。數年後，他們帶她到塔拉娃克里村去。——這時一切事實均證實了一致無誤。羅那家確實有一位名叫提里克拉度涅的男孩，八年前因病去世了。這男孩有些陰陽怪氣，喜歡塗指甲，及喜歡年紀比他大的同性。是一位弱不禁風的少年。

「實在令人嘔心！」她的哥哥指著古娜娜蒂麗卡說著，而她卻漲紅著臉對她哥哥說：

「我在前身為提里克拉度涅時就曾看見哥哥。是在山中的大拜拜上看到的，一見傾心，那時我想若是能嫁給你，死而無憾。但卻無法嫁給你，而轉世成為你的妹妹……。」

※　※

拉畢享卡（男、二十六歲）——是印度有名大學畢業的青年。四歲時對於自己所出生的薪水階級家庭就感有些怪異。……到了八歲的某一天，忽然感到胸口好像有物跳動著，無意識地脫口而出：

「我本是理髮師之子，名叫門那。父親名叫布拉薩多。……在我六歲時頭部被人砍掉死了。地點在秦塔密寺旁的河邊。犯人名叫查多利。他那掙獰的面孔我至今記憶猶新……。」

聽到這話的人都非常驚愕。的確在十年前在秦塔密寺旁，理髮師布拉薩多之子被人殺死。

此消息迅速傳入布拉薩多耳裏，他大吃一驚立刻趕來查看。「爸爸！」拉畢享卡欣喜地擁抱了他的父親。

他所敘說的前世之事經布拉薩多證實確實正確無誤。這實在是前所未聞之事。眾人就依照拉畢享卡所說的對犯人查多利提出了告訴。

在距離城鎮數十公里的地方將查多利逮捕歸案，犯人也承認了犯罪事實。但因為沒物證，只根據前世記憶不足為憑，法官只好判定查多利無罪釋放。

以後拉畢享卡前世記憶日漸薄弱，現在為一名技師，過著幸福的日子。但是每到夜深想起他為理髮師之子的那件慘案時仍是不寒而慄。……

以上所舉的例子到此結束。當然還有許多案例沒介紹，但大抵上均大同小異。巴基尼亞大學將這些案例搜集一起，在東美一九七三年的精神會議上發表，又加上了以下的慎重結論：

「轉世的例子絕大部分均是妄想或騙人的，即使無『轉世』前提下，也是令人難以解答之謎，這是極少數的例子。雖然是極少數案例，但既然已發現了，我們科學調查隊必須本著良心來調查，與接受批判。但可斷言『轉世』現象存在可能性要比不存在的可能性大很多。」

此結論一道出，在場的出席者為之譁然，當然有些人深表贊同，但多數的學者仍感狐疑，他們提出二點疑問，緊迫巴基尼亞調查團，要他們解答。

揭開「前世記憶」的秘密

第一疑問

以前曾聽說史夢芝及諾芭多夫人案件，均曾對其施以逆行催眠，以喚起其深處潛在意識，引出真相。催眠法在醫學上是可充分認可的。

而這次巴基尼亞調查團卻沒有用此法來試驗，既然無催眠，如何引出印度人的深層記憶？

第二疑問

在美國利用催眠的科學方法才引出史夢芝及諾芭多夫人等二例，為何在印度發現了二十例呢？轉世現象是否因國家的不同而異？

調查團的史蒂文生博士對此疑問一一詳細地解答。

回答1

在印度調查，發現特有前世記憶的人均是在他們孩提時代。雖然他們現今已是成人，但他們將「前世記憶」之事脫口而出，引起眾人注目時均是小孩時代。也就是說人類在幼年，特別是二、三歲到六、七歲之間，是持有「前世記憶」最敏感時期。當然與記憶的強弱也有關。但大抵上大多數的小孩均是在此時期持有這種體驗。

但在歐美各國則視此為小孩子的幻想或胡言亂語的天真話。而小孩也因文化固定化的思考，及外部刺激充滿腦內的影響，以致特殊記憶迅速消失了。因此在歐美只有用逆行催眠等強制的方法以引出內心深處的記憶。而在印度，父母們對於小孩這種不可思議現象很重視，且加以探討，以致其前世的記憶就漸漸被引出來而明朗化。

回答2

我們調查團，在將二千例中，判定了百分之九九的例子為虛構，僅百分之一證實可採信，調查也相當嚴謹。印度與中國同為世界人口最多的國家，據調查印度有十三億之多。我們經二十年才發現二十例，而在有人口三億二千萬的美國，因自願催眠發現了二例，以比率上來說，印度不是似乎少了些嗎？

轉世的組織

出席者中的少數，對於史蒂文生博士的說明已獲得理解。但大多數的人仍不表贊同，更強硬者甚至向他發出不滿之聲。但也無法據理反駁。

對此問題我也沉思過——「轉世之事到底有沒有？」此一問題是大家共通的疑問。

但又無法提出反論根據，而巴基尼亞調查團，是根據日積月累調查所得的成果。

若要打破他們的論證，我們至少也須像他們一樣實地去調查二千例，若無一例存在，全是妄想或虛構，這樣才可以證明吧！

但這似乎是不太可能的，若二千例調查中，也極有可能出現轉世的例子，如果有一例出現，其他一九九九例是虛構，則轉世的存在不就是要認定了嗎？

而且我們已確定了死後生命會從死者肉體脫出這一事實。此生命在空間能自由飄浮，能穿越任何物體，這也是眾所皆知的。

這樣一來，進入受胎女性的體內當然也有可能。進入嬰兒的細胞在前章也敘述過，此進入嬰兒體內的生命正體稱為「阿賴耶識」，別名就是「第八識」。

這是第一識到第七識的感覺與意識，即死者生前所持的記憶全部所組合。

逆行催眠能達到意識深處，以引出前身之事，這當然是極可能做到的。而當小孩頭腦尚未完全活動時（第六識與第七識作用尚薄弱時），第八識記憶的一部分超越了六、七識而洩露出來，這也不足為奇的。

所謂「轉世」就是此種情形。

「轉世」如乙先生也有與死掉的甲先生相似黑痣，或有與甲先生同樣性格、才能的小孩出現，像此種怪奇小說中常出現的情節，在現實中並非不可能發生。

此種容貌、性格、才能，由科學常識上來說與特殊遺傳或環境有極大關係。一部分是由親人傳給子弟，而其個體則只限於一代就滅亡。

第五章

「輪迴＝業的法則」是什麼？

——依你生前行為來適當地轉世……

「死後生命」的奇妙選擇

前章的疑問尚無法解答，當初也無事實根據，不過既然我們已深入研究至此，就再重溫一遍前述的轉世之例。

前章敘述的轉世例子，實在有些奇妙的對比。例如布拉蒂‧瑪菲，根據愛爾蘭老人們所說：「她是一位美人，但饒舌，水性楊花。對丈夫非常任性跋扈的一位女人。」

可是當她轉世成為史夢芝之後，去請求巴斯坦因的治療，因為「她一直為浪蕩的丈夫所困擾，她是一位歇斯底里、姿色平庸的女人」。

我們或許會認為這也許是偶然的，但是一將兩人對比，這可不是偶然的，或許多少會有一些必然的理由。

史夢芝因為前世布拉蒂的行為而似乎受到了因果報應。布拉蒂是位水性楊花的女性，而他的丈夫為其所苦，史夢芝因丈夫的浪蕩行為而困惱著。布拉蒂是位饒舌者，史夢芝是位陰沉帶有歇斯底里性格的女性。更甚者，布拉蒂是位美人

（因自恃其貌美而水性楊花，傷透她丈夫的心），轉世的史蔓芝則變成平庸女性。

這都是相反的說法，因為人對於死後生命、阿賴耶識及轉世的真實性有了某種程度的了解，才有此種命運論的推斷說法。

從死後的布拉蒂中脫出的阿賴耶識生命本體第八識，無立即找到移身場所，經過百年之間在空中飄浮，當然布拉蒂的第七～一識均潛在於第八識中。

經過百年好不容易才找到史蔓芝的嬰兒體（細胞群）。於是一瞬間飛越五千公里的大西洋（或是從宇宙的某處降落）飛入細胞群。而此細胞群成長的嬰兒，長大變成史蔓芝之後，已不是位美人，且不饒舌，而成歇斯底里、陰沉性格的女性。

當然這也是由遺傳來決定的，而變成成人之間環境也與此性格有關。換言之，布拉蒂選擇了此與遺傳及環境有關的某嬰兒，而其第八識就進入其中。

死後的生命再度轉世時，似乎有此合適、奇妙的選擇。「依據其生前行為，再轉世在適合的地方」這是《俱舍論》原則，對此不可思議的選擇下了抽象的論斷。

「合適的地點」或「與此人前世的生活方式相對照的生活方式」，再詳細地說就是「與前世相反的生活方式預想的新個體」意思均差不多。

南軍的士兵約翰督那路多索似乎也是如此。他本是位無知、純真、老實的農民，因戰爭被強制拉去充軍，既無槍彈，也無軍服，當然更無戰志，僅在十八、九歲就被殺死了。

但等到他再轉世變成諾芭多夫人時，卻出生在一富裕幸福的家庭，經過了快樂少女時代，至嫁給商人為妻，均生活美滿，且是位美人，又受到良好的高尚教養。

美人當然是遺傳，而富裕的生活則是環境，這些與兵士約翰督那路多索的第八識無直接關係。依據他的第八識並沒有可能使諾芭多夫人成為美人，也無過著幸福的可能。只是他的第八識，長時間在空中飄浮後，選擇了這位將來幸福的女性嬰兒體，而投入胎中。

在此對於死後生命再轉世為男或女，似乎都可以，只要是適合自己的新生命即可。

因此，在適合自己的地點再轉世，諾芭多夫人小時的嬰兒體對於約翰督那路多索死後生命可說極合適。這與他前世悲慘生活方式是相對應的——就像鞋與鞋型的關係一樣。

印度的巴莫度依此原則也是很明確的。他在前世時因吃「卡多」過多引發胃潰瘍而死，即因為無法節制之故。

因此在現世見到「卡多」就畏懼，此印度人最酷好的食品他卻無法享受，現世已消失了此種嗜好。

他不吃「卡多」，與前世並沒有多大關係，此嗜好問題是屬於體質問題，而嗜好、體質是由遺傳、環境來決定的，故屬於遺傳與環境因素。

因此持有特異體質的巴莫度，是由前世吃「卡多」過多致死的生命本體結合出

高貴的婦人前世是南軍的士兵嗎？
（圖片摘自電影「亂世佳人」）

來的。吃「卡多」過多致死的這位男人，其第八識選擇了與自己相反體質的巴莫度作為投胎。他發現了持有這種體質男性的細胞群體，而投入了巴莫度母親的胎中。

《俱舍論》的說法就是如此。我們再舉一例說明，這一例是前章沒介紹的。也是巴基尼亞調查團的另一震撼人心的實例報告，是四人一組的組員們經過一年的調查成果。是在印度北部娃卡魯卡路多塔村的一位名叫維吉拉多尼三十歲農民的事蹟。

維吉拉多尼的報應

當他出生時左胸凹了進去，右手大拇指像黏在手掌上似的彎曲著，其他的四根指頭也異常短小。

周圍的人看了他這副模樣都感到恐怖。他幼年時尚未察覺到這種障害。只是喜歡獨處暗處深思著，是個很奇怪的孩子。

等到向親友們述說真相時，他那時已稍大些，他常常感到某種恐怖的印象環

●小提琴家

他是一位很有才華的人。不幸的是天生兩眼怪異，轉動不太靈活。

經克西靈感判定他在前世為波斯的士兵，因為曾用火筷子刺入敵人的雙眼，以致過去的殘虐行為現世得到報應。

●內心非常孤獨，恐懼且一個朋友也沒有的女子大學生。

她有病態似的厭惡眾人。

經克西透視查知，她前世是法國的貴族，生性傲慢自大，對任何人均很冷酷，因此，現世感到孤獨與恐懼。其冷酷浮華的過去現世得到了報應。

●沉迷於同性戀的女性

只是需求同性的愛撫，對於男性感到索然無味。

經過克西的透視，知道她在前世是一位無賴的花花公子，常常騙婚，許多女子上他的當，玩弄了不少的女人。因此現世只需求同性女性的愛撫。

●同性戀的青年

伺候一位年紀比他大的男人，像是作他妻子般地生活在一起。有被對方毆打、綑綁的僻好，有被受淫虐的傾向。

依據克西的靈感得知此青年在前世一直對其妻子百般的虐待。以致現世變成如此。

●患有嚴重性冷感症的女人

她對於丈夫的愛撫感到索然無味。

經克西查知她在前世為修道院的修女，但卻破了誓言和院中的牧師，發生性關係，以致現世對於男性感到無味。就是因為她破戒得到了報應。

●被視為奴隸般的男性

因胡亂借錢以致債台高築，被暴力集團所挾持，監視嚴苛，無法逃出，後因生病才得以出來。

經克西透視得知他在前世是一位冷酷殘暴的資本家。他壓榨眾多勞工的勞力，為了錢，作盡一切不正當的事。因此他現在也遭受到了被虐待的痛苦。

——此外還有幾百個「轉世」的例子。莎密娜拉博士認為這就是依據前世的行為＝輪迴，來決定現世的境遇與幸與不幸的例子。因此博士確信此法則，而在其著書中反覆地強調。

……輪迴法則對任何人均極公平。現世的命運必定有其前世之因，來世也如此。人類在前世所種的因，必定自身會得到果……。

銘刻於生命的輪迴──「業報」

「這實在是有趣的見解，令人容易了解，但是仍缺少科學上的證明。克西其人或許具有超能力，但我們不應靠此方法，必須用合理的方法來調查。

而莎密娜博士所探究的方法的確是走捷徑，現世對男人感到當然無味的女性，在前世是男性，同性戀被淫虐的男性，在前世也是虐待狂。……實在是有趣且易解的說法，是屬於佛洛依德式的分析，『輪迴』在日語上譯為『業』，『業』只是這般單純的字眼嗎？」

我將詳情說了一遍，然後請教川田博士，對於此的看法。博士稍微思考了一下回答我的問題。

「實在講，此種探究方法，也是一面之詞。這是對於人類過去前世的作為，狹窄地考慮，狹隘地探究方法。

人類的活動很複雜，且非常廣闊，所作所為、所想、所感，以及無意義的衝動，均包含在內，人類實在是作盡了萬事。而從生命出來的活動，即銘刻於生命活動，佛教稱之為『業』。」

我有些驚異，這是我第一次聽到的。我以為「業」就是世俗的「男業」「女業」——宿命的衝動或負債。

不只如此而已，當然也包括了衝動與意識，這僅是業的微小部分罷了。業的範圍很廣，依人心與肉體的活動，而刻印其人的生命。就是業。

「業」，最廣為人知的解釋是行動和造作，但在專門的術語中，業解釋為思心所或意志力。當人做某事時，會有意志力在背後「推動」，這個心理上造作的意志力稱為業。

「業」是因不是果，因此「業」當然有好業報與壞業報，及不好也不壞，中立的業報……等三種類。

深受佛教重視的是，意志本身及伴隨意志的動作。把意志本身當做行為（意業）。不消說，陪伴意志的身體動作，屬於身體的行為（身業），透過言語表示於外時，叫做言語或語言的行為（口業、語業）。發生某種動作時，在佛教深受重視的是，動作裡到底陪伴著什麼意志呢？

若說佛教是善因樂果，惡因苦果，把業論當做本質時，那麼，它的根底下會聚集許多來自善因的樂果，或惡因苦果等結果，這項原則會橫在眼前。

佛教的業是道德因果規律，輪迴是其必然的結果。業即是行為，依不同的業力，有情眾生出生高低、貴賤、苦樂等；不同的業力，有情眾生世事得失、善惡、毀譽和苦樂不等。

前面曾提到，我對於人類的生活方式由善惡的基準來區分極不喜歡。基督教也對於人類有從神的慧眼來看人間善惡的區分，佛教也是如此嗎？川田博士是佛教哲學的權威，仍然也是以惡業、善業之說教方式來區分吧！但是事實上卻不是如此所言的，對我來說仍是感到新鮮。

「善惡，並不單由道德與法律來決定，『業』的善惡，即人類生命活動的善惡。

人類的生命，遵守、強化與發展的行為，必與肉體全部活動，從生命上來看是善的，此全部活動均銘刻善業在其人的生命上。

相反的，人類的生命，有傷害、壓抑、破壞的行為，心與肉體全部活動，從生命上來看是惡的，此全部活動均銘刻惡業在其人生命上。

此善惡行為，均有其人的感覺、意識控制再來行動，即其人的阿賴耶識最深處，均銘刻著善業與惡業。

隨著死亡，此被銘刻的生命脫離肉體，一旦離開肉體，生命潛伏宇宙，飄浮空間，不能像生者同樣地活動。因此銘刻善惡業的生命體，脫離肉體後，業也不會消失或轉變。

然後再轉世時就以此為決定條件。銘刻惡業的阿賴耶識，僅能轉世在適合它的場所。而銘刻善業的生命體也能找到適合它的新生命。」

博士說這是再進一步詳而言之。然後要繼續說明是死後生命與「十界」之間的關係。

十界又名十法界或十界為果，是佛教術語，將眾生分為十種界——佛界、菩薩界、緣覺界、聲聞界、天界、人界、阿修羅界、畜生界、餓鬼界、地獄界。前四者稱為四聖，後六者稱為六凡，合稱為四聖六凡或六凡四聖。

對於佛教人士來說，對於輪迴的說法一定有些認識。是人類生命活動因人而異而顯現的種種狀態。分為十大順序。此十大順序，是依據生命活動的善惡業報，以為再轉世的基準。

「十界」與轉世的關係

(1)地獄界

「瞋怒就是地獄」，地獄界是最悲慘的境界，是指如進入八寒八熱的牢獄。

在此是人類處於最低最惡劣的狀態。熊熊燃燒的火海，無底深淵的冰谷，從暗黑空中降下的毒雨。張牙舞爪的巨大怪物。在此環境中受苦受難的人們……這就

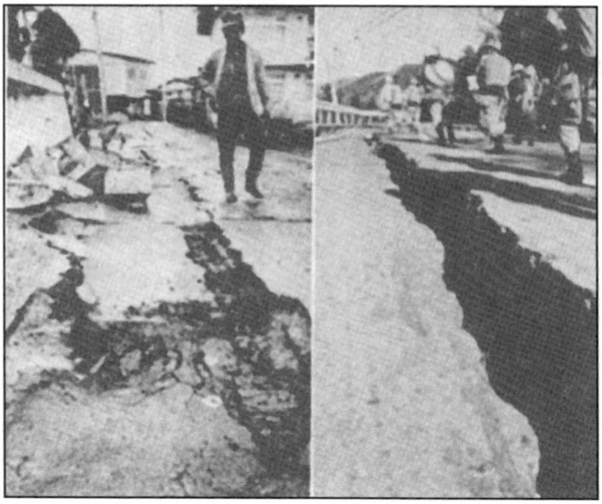

內心的地獄比地震等災害更恐怖

是由佛典所描述的地獄中觸目所見的百態。

這些都是象徵警世的描圖。實際上在現世上也有，例如核子戰爭，從衛星而降的放射能、毒氣、化學火災、大地震等都是現實活地獄。

人類對於外界的地獄還能盡力的抵抗，例如防止戰爭與災害的發生。但是，自己內心若成地獄時就回天乏術了。

自己內心成為熊熊的火海、戰場，永遠的冰冷與毒水狀態。變成如此的原因是由於憤恨。這佛教所言。

這並不是指因氣憤邪惡行為而產生的憤恨，而是指自己的自私、任性而發的憤恨、嫉妒敵意。

此種內心狀態及所付諸的行動，通過第一～七識，而在人的生命本體上塗上了地獄色彩。這是最惡之「業」而銘刻於第八識上。

因此當再轉世時，生命就誕生在適合此狀態的場所。是極不幸的地方，如天生的大病、戰火中、災害下，不絕地受暴力欺侮，危害等的生涯。

這是自然之事，因為自私而持續著激怒、嫉妒。生存的幸福感因自身所為而消失，來世當然不能再給與生命的歡悅。

⑵餓鬼界

「貪婪就是餓鬼」，處於極度飢餓的狀態。佛典上描述著，骨瘦如柴、腹部脹大、眼睛凸出，貪婪地尋求食物，為餓鬼特徵。但這也像地獄界一樣是比喻內心的狀態。

餓鬼界的人對精神或物質的慾望永無止境，造成此因是由於過分對於慾望的追求。只知道錢、錢，物質、物質，名譽與權力。對於此過分的追求，其人的生命本體將銘刻餓鬼界之「業」。

再轉世時只能轉世適其之所。如飢餓地帶，飢渴場所，過著任何慾望也達不到的生涯。即使到手也絕對無法滿足，過著眼睛充血，只求慾望的人生。來世也欠缺生命的幸福感。

身處餓鬼界時，慾望卻不能朝著創造的方向，令人成為慾望的奴隸。

⑶畜生界

「愚癡就是畜生」，如畜生獸類象徵的生命狀態。缺乏像人類似的感情、知性、心與肉體僅像獸類般地活動著。

畜生界的人愚昧，言行舉止謹憑本能，只關心眼前的利益，無道德倫理可言。是以畜牲下惡的法則，而在畜牲舌啖的境界。

造成此因是過於本能的衝動，例如沉迷無愛的獸性性行為，獸性似的殺人、傷人、吸麻藥、搶劫，知性與自制力為零。

沒有反省愚昧自己的力量，沒有報恩的心意，忘恩負義的心，也是畜生界。從這個意義來看，也可以說人心是住著「最危險的野獸」。

若是如此，則其業感染於生命，再出世也僅能找到適其的場所。因此頭腦變成全無活動，不愛任何人僅有最低的衝動而轉世。

(4)修羅界

「諂曲就是修羅」，在古印度的宗教觀中，阿修羅是一種兇悍的惡神。修羅界的人處於一種怒火中燒的狀態，自我意識強盛，以自己為中心，因此不能正確認識事務，甚至損害他人尊嚴的生命狀態。頭髮豎立，吊目，恐怖男人的姿態。內心也被比喻成如此狀態。

的，當然不是正當的競爭，而是出於狹隘己利的相爭，具扭曲的心理，會為了目的，阿諛奉承別人而隱藏自己的真實感受。為了己利而不擇手段去行動，均造成降入此界之因。

當有此不良行動時，生命上像人心般地反省、謙虛，已殆然消失，而成為修羅性格，銘刻此業。因此能轉世適其的場所，過著與人相爭不絕與被鬥爭的一生荒波生涯。

(5)人　界

「平靜就是人界」，在某種程度上，有能力分辨善與惡，指一般世間的人性。由於能理性地控制慾望和衝動，跟周圍的人和社會保持調和，表現出平穩的生命狀態。

已無地獄、餓鬼、畜生、修羅等狀態。別人所言能傾聽，盡量避免因自己而引起的發怒、嫉妒。能衡量自己的慾望，過著平靜的生活。但這境界容易受外在不良因素影響，缺乏自力更生、孜孜不倦的精神。

若能以此持續下去，此心意，行動經過意識而銘刻於生命，再轉世時，能再變成像人般的生活，給與普通的姿容，平均的智能，普通正常的生活。

但是到此界也常常可能只是人的一時狀態，任何人的生命也常帶有地獄、餓鬼、畜生般的意識與行動般的可能性。當然也有控制此行動的可能。此業會確實銘刻於生命。

因此若要想過著正常人般的生活，必須抑制、地獄、餓鬼、畜生……等般的意識與行動，使生命面主要部分充滿「人界」之業。

實際上，因為世間充滿著惡緣，因此很難「活得像人」，所以要不停的鞭策、自我努力，可以說，人界是「戰勝自己」境涯的第一步。

⑹天　界

「喜悅就是天界」，從痛苦中解放出來，慾望獲得滿足時那種滿足感和喜悅的生命狀態。即隨著成功而成歡樂的狀態。原因有多種，主要是像正常人般地努力，而得到財富、愛與名譽及權力。

到此狀態，其人的生命充滿歡悅。在其生命本體主要部分充滿，當然來世轉世，成幸福成分也會很大。因此，過著充滿歡悅人生的新生命體就是由於其死後的生命體銘刻「天界」。

「天界」是慾望得到滿足時所感到的喜悅，但這也是短暫的喜悅。此喜悅隨著時間的推移或情況的改變而煙消雲散，實在也是不安定的。成功也是不安定的歡悅，因為成功者往往藐視他人，傲慢與易怒。這些行為遠比成功大事業更難克服。

因此通向人界，降到畜生、餓鬼、地獄界的危險性也很大。特別是非常成就——例如握有權力者，其危險性更大。

在古印度，人們相信善有善報，下一世可以以天人的身份誕生在天界。然而天界的境涯，並未根本的解決生老病死的人間苦惱。就算是喜悅，卻因沒有生命之法的智慧，所以不能達至根本的解決。

（以上從地獄到天界稱為六道，普通人的境涯均在此六種狀態輪迴著。普通——即不知佛法的人，不管轉世幾次均在此六道反覆著出世）。

(7)聲聞界

本是指聽到佛的聲音而追求領悟。釋迦的出家弟子被叫做聲聞。聲聞界的人是聽聞佛的說法而得到某種程度的領悟。

超越「六道」的狀態，自身能感到人生除了私利、慾望，相爭與功成名就之外必須探討更有價值的事，因此對於深奧人生的意義加以探究。

若能持續，其生命本體銘刻此業。此業比人界、天界更為安定，是善業。銘刻此業的死後生命再轉世適當的場所。轉向具有探討人生深刻意義頭腦的肉體。因此來世能享受「知性的生活」。

此界的人有個缺陷，就是以自我為中心，一味沉浸在自我陶醉中。在大乘佛教中，釋尊嚴斥這些弟子，說他們只滿足於自己膚淺的領悟，不願為真正成佛的目標發憤圖強。

(8)緣覺界

「緣」即是具有觸及真理的機會。「覺」即是向新的高次元世界覺悟。隨著接觸到自然的現象和周圍的緣，直接學習改變自己原理的生命狀態。能領悟各種學問、技術的真理，感到人界、天界所不能得到的歡悅狀態。

理科系與文科系中人，稱為最優秀的活躍人物即進入於此界之中。其他如高度的發明也屬於此。這些人精神充滿幸福感——由生命充實感維繫著。與天界成功者迥異，是頭腦得到非常的滿足。

此狀態若能保有，銘刻於生命，再轉世適當場所，過著充實的一生，可能再次投到地位崇高優秀的人類中去。

但是若驕傲自滿，也有墮向天界的可能，如此一來也有再繼續墮落下去的危險。

⑼菩薩界

菩薩界的目標是成佛。為了尋求佛的領悟而勤勵於佛道修行，更為了別人的利益而做出貢獻，它是一種祈求幸福的生命狀態；是人類最高的狀態；是人間性大大敞開的狀態，也是菩薩界和其他境界的最大區別。在此已無聲界或緣覺界中的自我主義的想法。

達此界的人們不但充實自己的生命且奮不顧身為他人生命的幸福而努力著，當然也有著相爭的情形，但與「修羅」為己利而相爭情形全然不同。在此是為廣大民眾爭取福利。

在此界的人所為是為了防止生命破壞社會，及挽救那些將踏入地獄深淵與成餓鬼……等人們而盡全力地貢獻一己之力。

這在旁觀者看來當然是近乎愚蠢與艱苦的工作。他們充滿著生命充實感，再轉世時也可再過充滿生命幸福感的一生。

據佛教所言，在此界活躍的人，其肉體死後，生命不會長期的飄浮在空間，會在瞬間立刻轉世為新生命。對此理由不得而知，但我想為了對抗破壞宇宙生命者，「菩薩界」人們的活動是有其必要性的，當然死後無暇飄浮遨遊在空間了。

⑽佛　界

佛界是生命所能夠展現的最高境界。真正的佛與一般人對佛所持有的形象有別，並非什麼脫離常理的超然存在。

將別人的痛苦視為自己的痛苦來接受，這樣的慈悲行動，就是以佛界的巨大生命力為基礎而表現出來的。

比菩薩更高段的理想狀態，將人性發揮至善，盡其全能力集中發揮（不是權力）以其智慧與道德作為喚起民心的規範。而且在此界的人對於宇宙與生命為何？了解得很清楚。釋迦認為這是成為此界人的條件之一，且能自然地處於歡悅與幸福狀態，不必靠任何力量。

到此境地，其再轉世時也是如此。當然肉體死的瞬間，再復甦了，等待適合來世永遠歡悅的場所。

到此境界，已非常崇高理想，但人類也都具有達此境涯的能力。只是通常我們不去做罷了。任何人類均有落入地獄的可能，但同時也有升至佛界的可能。《觀心本尊抄》寫道「佛界難以顯現」，如果要勉強講出佛界境涯，那就清楚知道自己生命的智慧，稱得上是菩薩實踐最終極的無限慈悲，不為任何東西所沾污的，充滿清淨的生命。

※　※

我認為地獄與餓鬼的表現太古老化了。但迄今仍是我們內心與肉體常常顯示的指標，佛教對此內容實在是非常博大精闢。

以闡說性的複合體、嫉妒、壓抑或昇華，維繫人心的心理學家與此相比，就顯得粗俗不堪了。而且這十種狀態與生命的永遠性相結，十種中的任何一種均是成為人生命的主軸以決定來世，此說比莎密娜拉女士的說法又高竿且優秀多了。

在阿毗達摩佛教裡，業是人的動作。人所造的業不論善或惡，其業力會助長阿賴耶識中隱藏的種子，使它決定其中的果法。

此種業＝生命轉世的根本法則，破壞生命（自他）的行為與思想，均與前世後世有關，此點實在容易令人理解。

——因此我想，從此根本法則與十種基準來看，我們前世是何人，及來世將成何種人物呢？或許會有所發現！

第六章

你前世與轉世

——你將來變成如何？

現世與前世的探討

談論別人事非或許太不道德了，因此以自己的例子來說明。回憶起打從孩提時代開始，身體就瘦弱、神經質，且情緒不安定。而且（至今為止似乎也是如此）對於任何事均感到不安與絕望。

不得女人緣，而且我自己也很討厭女色。鬱悶之事很多，即屬於多愁善感的人，十歲時剛好遇到戰爭，所以有了飢寒悲慘體驗，學生時代大部分均在貧窮中度過，可說是位窮學生。

我的遭遇當然是受到遺傳的影響。另一方面也可說是受到政治的影響，但是也可說是我的生命體選擇了如此環境。

我的死後生命體僅能進入此新生命。這是適合我生命體的地方。因此依照莎密娜拉博士所言，在前世我一定生長在一平靜時代，且金錢與女人均不感缺乏。身體健壯的人。

但是，因為我對此優越環境不但不感到滿足，而且一直感到不滿。

如照前章佛教哲學的分類，我生命的基本部分大概是屬於「人界」吧！至少我還具有人性，不會去做殺人、淫虐等勾當。

我雖在「人界」，但是仍時常有「修羅」「餓鬼」等面孔出現及行為。如為了己利與人相爭，刺傷人心等行為。因此，在我生命本體的一部銘刻了此種「業」，等到我肉體死後，我的死後生命不能進入較優越的新生命體，只能進入現世的「我」的生命體。

由於我在生前對於自己的優越環境不知感謝且感到不滿，故至今我才成為瘦弱、神經質的人。而且因為自私自利，所以才生長在飢荒時代。

這是莎拉密拉式的說法，不過對照之下確實也相當吻合。兩世成為明顯的對比，主要就是人類要對自己及他人的生命有幸福感，再出生時自己才會有幸福與充實感。

現在將一些典型的具有現世條件的人，來推定他們的前世，例如：

●現世漂亮的人

這不是光指容顏漂亮或風采好的，而是指一切有魅力的人。當然漂亮及有魅力的人，較得寵，容易受人喜愛。

你若是此類中人，前世一定不是位有魅力的人。可能外表難看，但是因為你不發怒，不怨天尤人，且無嫉妒心，誠實地愛他人，認同他人的魅力，換言之，即對他人的生命幸福感到關懷。

由於你的生命本體，刻著善業，因此當你前世肉體滅亡之後，自然而然你就能進入具有魅力的新生命肉體中。

我們不僅要在前世關愛他人生命的幸福，而且在現世也要如此，這樣我們才能感到自己生命的幸福。

愛人者，人恆愛之。與人為善，樂於助人，自己也會平安快樂。

●現世全無魅力的人

這與前項恰好相反，此類人的生命，在前世也必定是姿容具有魅力的肉體。但是由於他們自恃其貌，傲慢待人，藐視他人或對人尖酸刻薄、虛偽。

因此，其生命本體銘刻了傲慢與虛飾之業。在今世變成了全無魅力，且無幸福感的人。

當然這些例子只是整體的型態，實際上仍分為無數的階段與部分。例如，前世以美髮誇耀他人，竊笑他人頭髮難看，在現世可能其頭髮就不美了。

前世因垂眼、小眼被人譏笑，但卻不嫉妒他人的美眼，仍開朗地生活著，在現世他的眼睛可能就很美，充滿幸福感。

前世以自己有一雙美麗苗條的羚羊腿自傲，而嘲笑他人的蘿蔔腿，在今世可能她就擁有一雙蘿蔔腿也說不定。

當然也須考慮到其他種種因素，但至少從業報典型上來說是如此。

要加強自己思想道德的修養，努力上進不鬆懈，去除私心與邪念。這不是一朝一夕的事，要長期堅持。

●現世物質優裕的人

你若是此類人，在前世你的生命可能是經濟上不富裕的人。但是，因為不怨天也不尤人，而充實努力地生活下去。

此外若是你前世經濟上富裕，但你絕不自傲誇耀，反而以此經濟力去幫助他人的幸福。

因此生命中銘刻著善業，可能就是屬於「天界」之業！今世才能進入物質面良好充滿幸福感的新生命體。

做一個正直的人，還是做一個邪惡的人，是自己可以選擇的。為善者，終有善報；為惡者，終食惡果。

現世物質上享受不好的人

這剛好與前項相反。此類人在前世大多數是經濟上並不匱乏的人。但是因為他們不但不知感恩，且恣意妄為，揮霍無度，藐視窮人，為了己利不擇手段。

因此生命銘刻惡業，由於他們前世嘲笑他人，及自私自利，傷害到他人的幸福感，所以今世也就無法享受物質上的幸福感。

當然這只是綜合一個典型，實際上仍有許多部分。如前世住在豪宅而譏諷那些住在公寓的人，當然今世所住一定極不舒適（雖未必一定住小屋）。前世不惜花費重金購買高級汽車，輕視步行者的人，在今世交通方面他一定會感到非常不便。

魚爭相投往水裏，人爭相修行於道業。投水的魚，挖一池就可以養育；修行於道的人，心中無世俗之事便能平靜安定下來。

若是在前世物質方面不富裕，且怨天尤人地過日子，其生命必銘刻「修羅界」之業，在今世也一定一樣發牢騷，憤怒地過日子。

●現世是才子、才媛等優秀分子

你若是此類中人，生命一定是銘刻「聲聞界」或「緣覺界」（兩者合併稱為「二乘」）等善業的人。

其生命狀態是以追求智慧、知識、真理為目標。前世也是如此。這與天生的智能高低無多大關係，只要你一生努力，執意地持此目標去追求上進。

若是你生命的主要部分充滿「二乘」則今世就能付予適合你優秀的頭腦。

當然有許多例子，例加像諾貝爾獎得主丁肇中、楊振寧、李遠哲、白川英樹、湯川秀樹等人，他們前世在學術方面也必定有卓越的貢獻。

大概你今世的知識水準到那一程度，前世也必定在那一程度，例如學生時代成績很好，後來就不行了，此類人在前世大概也只是一時期的獲得知識，到後來頭腦就不再有求知慾望了。

善良與凶惡，相差在那裏？真理與謬誤有時只有一步之遙。如果說有自然的法則在救護著什麼，那麼就一定要使它具有溫柔、仁慈的特性。

●現世被稱為「廢物」的人

前世與追求知識、真理無緣，且自己也不想求知者。或是前世頭腦與成績均不錯，而為教授、醫生、教師、牧師等知識分子，但因為自恃其才，蔑視他人，只為自己利益及慾望而求知，將所學知識用於己利上。

這樣一來，其生命就混入餓鬼、畜生的要素，無法使「二乘」的要素進入。因此今世再出生時，只能選擇知識、智能不充實者的個體。

此類案例很多，例如在學校的成績一塌糊塗。愛因斯坦在少年時數學零分被認為是廢物、傻瓜我想這是眾多皆知的逸事。當今教育制度到處紊亂，有許多被認為「廢物」的人也許不久能發揮其充滿「二乘」的智慧生命，而被認為天才、才媛的優秀人也有顯示餓鬼、畜生本性的可能。

再進而言之，有些人學校成績雖極差，但卻擁有優越的實技，其實技是人類知識的集積，因其仍擁有特優的「二乘」生命。因此何謂真正的傻瓜、廢物，不能單以現今雜亂的教育制度來判斷，應以其生命狀態的順序來判斷。為了自己私益、慾望，踐踏別人生命幸福感而無自覺者，才應該算是真正的「廢物」。

人都是有思想的，內心認為是正確的事，做起來就會主動、愉快。聰明的人能夠審時度勢，把握人生機遇，做出正確的判斷和取捨。

你來世之愛將變成如何？

其他從現世來推定前世的要素仍很多，將各種組合，就會出現在各種形體。生命全體只感染二乘或天界的很少，仍有其他的要素，故非常複雜。

例如，愛的問題就特別複雜，一個人一生終生不渝地只愛一位異性（**此類人大概前世也只熱烈地愛一位異性**）的單純例子，應該是非常的稀少。

在當今現實的社會中，我們會喜歡幾位異性，然後與之結合或仳離，或對某位異性獻上純純的愛，而對別的異性則僅是玩伴或利用的對象。

若是你曾被人純真的愛過，且被異性欺騙過或與異性遊戲人間，則你前世大概也曾作過同類性質之事。

伊莉沙白泰勒的前世為何人呢？

若前世對某位異性始終不渝，赤誠地愛著，則是已達「人界」的善界，在現世當然也有被愛的資格與姿容。自然也會被人誠摯地愛著。

但是若前世你欺騙了別的異性，則生命上被銘刻著自私的惡業，當然你就會陷入被人遺棄的困境。此二因素交相混合著，而造成了許多人複雜的愛。

有「玉女」和「玉婆」稱號的伊莉莎白泰勒（一九三二～二〇一一年）的生涯，就無失戀之事，與任何異性關係均處得圓滑，她在前世一定是遭受許多男人的遺棄，而仍誠摯地愛著他們的醜女性也說不定。因此在今世是一位貌美女子，且過著充滿愛的一生。

來世也是同樣地道理。假如你現在背叛了誠實地戀人，或丈夫、妻子，而與別的異性作樂。從業報上來看，你還不算是罪大惡極的惡業，特別是你所作所為你的戀人或配偶並不知曉（即你已考慮過，並沒有傷害到對方的幸福感），這樣則尚未決定你的惡業。

但若是你只是一味地為了自己私利、慾望，去做出傷害對方的事，那你的生命將銘刻著畜生、餓鬼業。即使你其他方面如誠實有才能、高尚人格，但在你生命之角將永遠殘存此污穢缺點。

這樣一來，現世即使做了善事也無法掩飾你的缺點，再出生轉世時，你的生命將進入新的適合你的個體。

此新個體，比你現世環境當然更惡劣，由此業報，你肉體上將缺乏魅力（例如現世擁有清爽笑顏的人，來世將變成暴牙），性格上也是如此，你在今世雖很得異性緣，但來世將變成鬱悶、苦瓜臉，不得人緣的人。

反之在今世因遭遇重重失戀，被對方遺棄如伊莉莎白泰勒之例似的，來世能得到愛的滋潤可能性也就很大。當然只限對於負心的對方不可存有怨恨、嫉妒、報復心理的狀況。

報上曾報導一位年輕的失戀者持刀砍殺其負心的女友，這樣一來，因為自己的私利而將對方逼入地獄，而自己的生命也塗上了地獄之色了。

此惡業在來世確實會束縛其生命，如哈密↓維吉拉多尼似的肉體上變有殘酷的缺陷。只能投入此類個體轉世。因之了無被愛的希望，他的生命得到了報應。

因此，當我們得不到別人的愛時，不要憤恨，或傷害到別人，這樣只是徒使彼此生命的充實感變成黑暗，到來世你的肉體將有缺陷且無被人所愛的魅力。

我們應忍住這口怨恨，選擇其他的伴侶，這樣能超越怨恨、嫉妒而成長，你將成理智較高的人性（**大概屬於「緣覺」**），而銘刻善業於你的生命上。

則來世將與適合你的有魅力個體結合，自然而然你將能得到更多愛的滋潤。

《順正理論》說：「有一顆善種子，若遇到邪見力量損害到它的功用，迫使它不能萌芽時，即使最後不會中斷，結果又有何用？」

廣大方正的事物，看不到邊角；宏偉的事物，則非一朝一夕能完成。凡事不應一味的空想，應腳踏實地去幹。擺脫了世俗的名利得失，平心靜氣面對人生，將能體會到生活的無窮樂趣。

來世你將置身於何種危險？

現今為經濟狀態所困的也是同樣地可推算出來。失業、倒閉、生病、離婚、考試失敗，及對於自己姿容、能力感到絕望的人均可推算出來。

人們遇到這些煩惱事而不感到沮喪的可說很少，若能堅忍支持下去則與怨恨、憤怒地每天過日子，兩者之間在現世及來世均有極大的差別。

當你內心感到狂亂時，生命自體將遠離「人界」，怨恨憤怒、嫉妒徒然使你的生命活動塗上惡業，現世將成地獄狀態，來世也銘刻地獄惡業的業報。

當然正當憤怒不在此限，例如有人因遭受事故，你極力地伸張正義，為對方尋求賠償費，這是正當行為，此外如經濟鬥爭、市民運動、告發違反環境衛生的人，只要是正當的行為都是重要的。

在我住所附近就有因公車超速而輾死了一位女士。她讀高中的兒子憤怒之餘發起了改革交通規則的運動，他發起此運動的主旨就是要維護大眾生命的安全，他的熱心實有如「菩薩」心腸，故來世我想他將有善報，出生較高的生活環境。

但若是類似的活動，是因為自己的私利與怨恨，情形就不同了。同樣是賠償費，若是為了自己的私利，及怨恨而無理地要求對方賠償，則生命中將銘刻惡業。

像前面述及之事，前者是「人界」的正當憤怒，而後者是修羅、餓鬼界等卑鄙的憤恨。來世將進入修羅、餓鬼等新個體去生活。

對於經濟富裕者、明星、成功者、上流社會的人、美人及領導者而言，此種發生的可能性更強烈。因為這些人雖屬於「天界」生命狀態，但常因傲慢及輕蔑他人以致有墮入餓鬼、畜生界的可能。

以前有一位女明星，她長得非常美，但任性、驕傲。身邊常有護花使者環繞，後來嫁給一位大地主當太太。這時她更得意非凡，認為一般人均是傻瓜，常常識笑別人。對於她熟識的職業婦女或主婦，更露骨地譏諷她們說「妳的月薪能拿多少錢？」「實在可憐哪！」

她還說：「人類天生就已註定了其命運，分為才貌或財富特別優的人及一般平庸碌碌者，我也是天生註定好命的。」

當然這也是真的。人的命運是根據其前世的積業來決定的。如此一來，她的來世也將被決定了，來世她的生命將因她的傲慢與自私自利而變成容貌醜陋、被人嘲弄的對象。

因此具有美貌、財力、權力的人應特別注意，一不小心就有與此明星同樣地危險性。應該謙虛待人，多多反省自己才能明哲保來世之身。

不遵循自然法規而能長久的事，世間是沒有的。只有順應自然發展的規律，才能保持穩定和持久。

來世全無可救藥的人

還有一種更無可救藥的人，那就是在今世直接參與殘害許多人生命的計畫與行動的集團。

較小規模的如暴力組織，大一點的如世界核子戰爭的準備者。

舉例來說，例如成立殘殺一千萬猶太人的計畫，而且積極去實現此計畫的納粹黨。實施在廣島、長崎投入原子彈計畫的集團以及投下大量炸彈，殺害了二百多萬越南人民的集團等。

這類集團（除了納粹黨一部分幹部被處刑外）大抵因建立汗馬功勞而過著優裕的生活。例如發明原子彈的學者們及付諸行動的軍人們，均過著舒適的生活。

他們住在有游泳池及網球場的大豪宅。經濟富裕，他們或許認為他們的生命充滿了幸福與充實感。

但是這些人破壞了許多人的生命，切斷了幾百萬人生命的幸福與充實感。現今又有許多破壞計畫與新兵器正在發展，將使更多人類的生命活動遭殃。

這是違反宇宙生命的行為。前面曾談到，我們的生命均是巨大宇宙生命的一部分。若是破壞者們為了自己的權力或利益，而認為污穢了大氣以外的空間沒什麼大關係，這樣一來就直接威脅到了充滿宇宙生命的場所。

地球也是宇宙的一部分，因此，地球的生命也遭受到了破壞。大氣、植物及水等所有物質聚集因，創造了我們生命的活動，故破壞地球生態系的行為與大量虐殺行為均是要不得的。

換言之，即你認為宇宙生命之一部分已無必要而產生的拒否行為。例如有位男人刺殺了戀人的行為，是他認為戀人的生命已無必要，而產生拒否行為，這種認為宇宙生命的一部分已無必要而產生的拒否行為，將會使同是宇宙一部分的自己生命也產生拒否。

這樣他的來世也只有選擇適合他這種行為的個體，而使自己對生命產生拒否。大部分轉世後會生大病，或遭受不幸。

大量虐殺猶太人的罪魁禍首－希特勒。

殘害一人大概如此，而為了利、權去破壞生態，或進行核子戰爭的集團們，將背負超過殺惡人幾十萬倍的惡業。他們既然無視多數的生命，當然他們對自己的生命也產生拒否，他們逼入了許多人遭受地獄般的折磨，當然他們已染上了地獄的惡業。為了自己的權力、私慾，他們將重重地被銘刻上畜生、餓鬼之業。

於是到了來世他們的生命，僅有地獄、餓鬼、畜生要素，而全無人類要素。這些生命破壞者，他們來世將變成什麼形態呢？既然來世已無人類要素，他們會變成人類以外的生物嗎？——是什麼生物呢？此種可能性有科學上的探究嗎？

喜用暴力的人，是不可能最終征服天下的。行暴政者必然會受到大家的唾棄。當人們不畏懼統治者的權威時，權貴們的災難就要臨頭了。

驚異的事實——人腦內隱藏有動物腦

在此要特別介紹卡路・西康博士。他是位天體物理學者及生物學者。為哈佛大學的副教授、科尼魯大學的教授，也是NASA（美國太空總署）的高級研究員，火星探測海盜計畫的主持者。因其對太空科學的獨特貢獻而被給與極高的評價。

在現代科學界中他是最優秀的人才之一。一九七七秋他出版了一本書《伊甸園的恐龍》（The Dragons of Eden）。

伊甸園，當然是指舊約聖經上所說的樂園。在此住著亞當與夏娃。據說他們就是人類的祖先。即人類根源的所在，故西康博士似乎引用此為書名。

「恐龍」當然在七千萬年前已滅亡，為那時支配地球巨大爬蟲類的總稱。博士用此來表示以前雄耀一時的生物。

傑出物理學者，卡路・西康

因此以此「伊甸園」及「恐龍」來聯想可能就是「人類的根源有似恐龍或其他生物般的東西」本書內容就是以此恐怖的標題為主來探究的。

現在將其對人有關的要點簡略地敘述如下：

我們地球上的生命是由氨基酸似的單細胞生物經過十幾億年的進化而來的。幾億年前生物體內僅有極單純的神經。首先是魚及青蛙的出現，它們持有極小腦部。

再來是爬蟲類，它們腦部比魚類稍微進化些。換言之，在魚及青蛙的腦部加入更新、複雜的部分就是恐龍的腦部。

然後初期的哺乳類、老鼠、豬等的祖先出現了，它們腦部比恐龍更複雜，即在恐龍腦部加入更複雜、更新的部分就是初期的哺乳類腦部。

經過進化，猩類、犬類的先祖出現，再來就是馬、貓、狐狸、狐猴（lemur）、猴子、大猩猩、原始人類等不斷的演進，新的高等生物出現了，它們的腦部構造較重，也極複雜。

即以後出現的高等生物，也持有前述階段的生物腦部要素，而加以複雜地組合。

到此進化歷史的最後階段，人類的腦部是什麼呢？

那就是至今所出現過的一切生物腦部的總集積。從前面所談到的腦部發達進化史看來，可以得到此結論。因此從魚、蛙、恐龍、鼠、貓、犬、猴、猩猩、黑猩猩……以及已滅亡的猿人、原始人等，它們的腦部要素均全部包含在人類腦部的組合內。

此證據可由調查人類的胎兒來求證。人類的胎兒經由精子與卵子結合後，約三週與魚的幼生期形態極相似。

經過七週後，其腦部與兩棲類，即蛙、蠑螈、鯢魚很相似。體態與兩棲類的幼生期（如蝌蚪等）也很相似。

到胎兒漸漸成長時，其腦部就近似高等生物了。經過三個月後，胎兒腦部近似於恐龍、鱷魚或蛇的腦部。然後經過近似鼠、豬、犬、猴腦部的階段，經過七個月後，就與黑腥腥腦部的構造一樣。再來經過猿人及原始人的嬰兒階段，到了十個月就形成了人類嬰兒的腦部。

那麼，那些與魚、蛙、恐龍、鼠、貓、犬、猴、黑猩猩……等相似的腦部內的東西，跑到那裏去了？

它們並未離去，還殘存在腦體內，在人類的腦部全部混合組合。而被稱為中腦、間腦、腦幹、舊皮質等，積聚在腦底部。因此若是我們腦部僅有這些底部構造，我們的智能也就和魚、蛙、恐龍、鼠，或黑猩猩一樣。

因此，我們在腦部的上層還持有掌管人類感情、理性、知惡的新皮質。猩猩與黑猩猩的腦部雖然也有新皮質，但是極薄小。人類腦部的新皮質則非常厚大。因此在魚、蛙、……黑猩猩等腦部之上，還加上了人類僅有的這部分，才構成了人腦。

這樣我們人類才被稱為萬物之靈，但也可以說人類並非僅具有人類的性質而已，我們的腦部確實是人類的腦部，但同時我們也具有了魚、蛙、恐龍、人猿等一切生物的腦部。

無法進入人類腦部的生命

西康博士在其近三百頁的著作《伊甸園的恐龍》一書中，就是主張這種論點，並且利用了許多實驗、顯微鏡技術、數學方程式和電腦來論證他的主張。

讀了此書，令人拍案叫絕，題材雖不是最新穎，但以腦部來考慮到無數動物與人類之間的關係，實在使人膽寒。

此論調與我們所追求的題目實有吻合之處，我們所探究的就是↓死後生命↓生命本體↓移向新生命的肉體↓再加上西康的學說，就有了驚人的真實性。

生命本體（阿賴耶識）進入人腦內，此阿賴耶識（即第八「識」，一～七「識」的腦部活動）之事，我們要再加以說明。

根據瑪麗．奧莉珍及穆笛報告和露斯的說法：「生命在死後瞬間從頭部脫出，復生時再從頭部進入。」這點看來應是正確無誤。

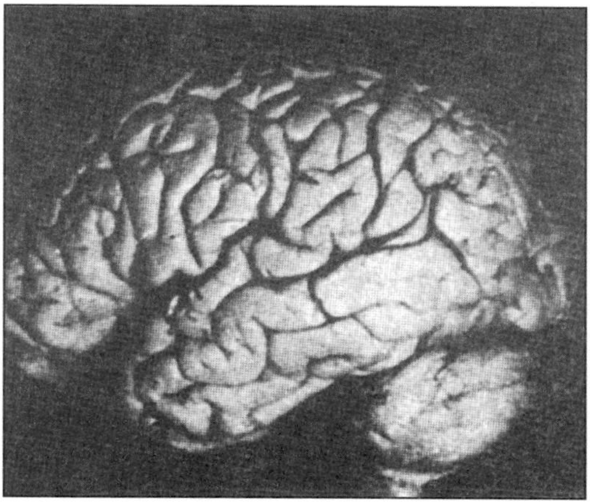

人類的腦內是動物腦部的組合體

西康博士的學說，認為人的腦部是由魚、蛙、恐龍……等腦部再加上新皮質等組合體。因此生命本體進入腦部，應不是只進入新皮質。

假使只進入新皮質，則其他的部分無法具有生命活動。故人的生命本體不僅進入控制人類特有的高等智慧部分，而且也進入具有動物低能的部分，即進入整個腦體。

這樣的話假若生命本體喪失了，人類

較高的智慧與感情就會只具有動物的本能而已。

在現世若有人因為動物的自私自利與私慾，而做出種種傷人事情，等到其人肉體死了之後，其生命本體已喪失了人類的要素，而飄浮在空中。

這時當然他要再進入一個新的個體，但是，此時卻無法再進入嬰兒的腦部了。因為他已不再具備足夠進入人腦的生命能量了。其人類特有的新皮質中最重要的部分能量，已消失了。

而殘餘的只是動物生命的能量而已。所以他只有進入人類以外的動物新個體。

不過他當然不會進入魚或蛙的腦中，他雖失去人類的要素，但仍帶有人類以外高等動物的腦部內容。所以若有原人、猿人及雪人等動物存在，首先，他必先進入這些動物的腦中。

若無這些動物，他可能就進入黑猩猩、猩猩的體中，其次的哺乳類如犬、貓，或其他猛獸的體中也可能進入。然後就是鼠或蜥蜴、蛇等動物的順序，進入它們的腦內。

這些動物的腦部要素經過幾千年，均積存在人類的腦部底層，再加上新皮質就是現代人類的腦部。因此，失去控制這些新皮質中樞的生命本體，只能回復到他們幾千年前的老巢去，無其他辦法。

人類轉世到動物的論點也就是基於此。但這並不是說某人的肉體來世會變成猴或蛇，或是某人的腦部會原封不動地轉移到犬或豬的身上。

而是說人類的死後生命，「阿賴耶識」會進入動物腦內，轉生為動物。人類的腦部與動物的腦部並非個別的東西，而是一個個的系列，故失去人類要素的生命，自然僅有進入動物腦內。

西康博士的學說，對此作了一個簡潔且殘酷的論證。再由佛教的十界論及輪迴＝業的法則，來推進時，我們可考慮到人類轉世為動物的可能性非常大。現代的宇宙科學研究者對此與佛教不謀而合地提出了論證，可見這極可能發生。

例如，連續施暴行的姦殺婦女惡魔，其生命本體將進入何處？

他連續誘騙十幾個女性，加以強暴後，又將她們殺死掩埋。這種行為已不尊重人類的生命，且欠缺了人性最重要的部分。當然他的生命本體已喪失了新皮質的中樞部分。只具有私利與殘虐的本能──死後銘刻著畜生界的惡業。

故他再轉世時，已無法進入人類新嬰兒的腦體內，也不能進入尚有體諒同伴生命本能的獅子或猴子腦內，他的死後生命僅能進入野犬，更惡者轉世成科莫多島的大蜥蜴（此類動物，同類相食，強食弱者）。

死後，他當然已無意識，但無意識並非說他已全然不知，而是他的生命現在只是在野狗、大蜥蜴的世界，陷入畜生界痛苦的深淵中。

因此他已不能像人類般地表現，而在無意識中仍能感受到生命的痛苦。

此例子並不只限於像姦殺婦女的男性而已。例如一些泯滅人性的政治家，他們利用地位不擇手段，奪取權力、利益，貪污攢下了幾億的金錢，遇到他喜歡的女性用金錢或暴力輕易地奪取。

他們已無人性，不會考慮別人的生命與幸福，只是汲汲不息於追求金錢與女性。終至被錢堆埋沒至死。──此類人死後將如何？

以前曾看到一卷某生物學者所拍攝的「溝鼠的生態」照片。此類溝鼠是在大都市地下水道生存的灰色、骯髒動物。此類溝鼠即使吃飽後，經過十五分鐘，肚子又餓扁了。故必須吃個不停，若無食物，則咬嚙混凝土或電線。由於為維持種族的本能所驅，故對異性的溝鼠胡亂性交，即使對方正在排糞也無所謂。

是一種飢渴及只具動物本能的動物。看了這些溝鼠後，使人聯想到，那些貪求名利的政治家死後生命，或許只能進入此類溝鼠的腦內，而沒有其他更適宜的場所了。他們的生命已遠離人性，其生命只塗滿了餓鬼、畜生界的業障而已。

貪求名利的政治家來世將轉世為溝鼠嗎？

但是或許讀者會認為，溝鼠、野犬、爬蟲類等，具有同伴的意識，有時也能互助。而人類攫取金錢或私慾，並非本能，而是智能的作用（**攫取金錢或欺騙異性，均是高等智能的產物**）此與單單是動物的本能慾望的行動迥然不同。

因此，即使死後生命有向其他生命體移動的跡向，但進入動物的可能性應是很少。

——的確這是一個可疑處，具有高等智能卻做出欠缺人性行為的死後生命，若不再進入人類腦內，也不進入動物腦內，那將變成如何呢？

這一點要如何說明才好？起先本想認為他們只有永遠飄浮暗黑空間，但等讀了西康博士所著的《伊甸園的恐龍》後的想法改變了。

西康博士對此疑問，有精闢的見解，他認為應超越人類與地球上動物的關係界域，因為他是太空科學研究者，故他將目標指向宇宙全體上去。

轉世「宇宙生物」的可能性

在宇宙（太空）中，前面曾談及，適合生長的星球有很多。在銀河系中據學者計算，最低也有數十，最高達數千的星球適合於生物的生存。

在那地域，有許多為人想像不到的生物存在著。不管牠們的形態如何？牠們體內也一定有支配其自身活動的中心，也許是腦或與腦相似的部分。這是博士的論點。

此點博士有精密論證，他認為所有生物僅能在傳達神經組織的電氣刺激下才能活動。故宇宙生物必須與地球上的生物一樣有近似腦部的活動，這是無誤的。

而人類的死後生命是宇宙生命的一部分，可到處飛行，故當然也有進入宇宙生物腦內的可能性。

死後生命若是近似電氣能量的東西，則能以電流（電能波↓光）的速度，飛了幾十年就能達到銀河系遠方星球內。若比光的速度還要快（此種超微粒子，實際上已被發現）更能較早達到星球。

死後生命進入地球上生物腦內的條件，與進入地球以外星球生物的條件，並沒有什麼區別，因為生命本體是宇宙生命的一部分，只要是適合其條件的地方，即使距離幾十光年遠，也要飛奔而去。而且可任意選擇進入宇宙生物的腦內。

根據西康博士之說，宇宙生物的種類比地球生物多數萬倍，有黏黏糊糊像橡膠似的怪物，巨大的蛞蝓般的怪物，像盆子般盤著無數怪手的怪物及像口或齒般的怪物以及像性器般的怪物等。

畜生界、餓鬼界等此古代所言的佛教用語，在此與太空科學所預測的相連繫，強烈的預言性緊迫著人。餓鬼界與畜生界是人現實生命狀態的一種，但同時也是指出了宇宙盡頭某處生物界的實體。

在此處的生物已無地球上動物的同伴意識，只有自我與慾望，同伴間互相殘殺、暗算，而且也有智能極高但極醜惡的生物生存著。

生命中銘刻著餓鬼、畜生業的死後生命。若飛到此地進入這些生物的腦內，就只有永遠陷入此呼天天不應叫地地無門的淒慘地獄了，將後悔莫及。

與前面所敘的相反情況，當然也有可能發生。宇宙的某處既然有那種恐怖的生物生存著，反之在某處當然也有完全抑制自我，富有博愛胸懷，永遠生存在美妙、光輝幸福境地的生物。

其生命本體也是宇宙生命的一部分，也是與人生命共通的，他們的腦部新皮質比人更大更充實，具有無限的知性與感受性，充滿博愛與同情的胸襟。

假若人的生命活動也能接近此胸懷，死後要進入此類光輝、幸福的生物腦內，並非不可能。只要人盡量抑制人性醜陋一面與動物般的要素，而展現人性良善之面，持續不斷地向此目標去做，何懼不成？

這就是菩薩界、佛界的生命狀態。此語雖然有些古老且具佛教意味，但其強烈的現質性與預見性正迎著人。餓鬼界與畜生界既然實際上也是宇宙某處的狀態，反之在遠處的某星球當然也住有類似佛界、菩薩界的理想生物。

是我個人的想像。假如佛界、菩薩界……餓鬼、畜生界等是真理，在宇宙科學尚無的時代，熟知此宇宙真理，而說教的佛教領袖們究竟是什麼呢？

當然也是人類，他們的生命本體或許是從遠處星球光輝的高等生物轉生過來的，因此根據其意識下的生命活動，而領悟宇宙真理，來向眾生說教。

反之在宇宙盡頭有某種最凶最惡的天體。像太陽般的恒星，滅亡後，凝聚成黑球，即被稱為「黑洞」的星球。

其大小本與太陽差不多，後縮小成直徑僅數公里的星球。具有強烈的引力，能吸引接近它的東西。連素粒子、能量、光

人類有轉世宇宙（太空）生物的可能嗎？

等均會被其吞噬。

而到此境地被其吞噬的死後生命是什麼呢？那就是使用原子彈殘害數十萬人生命的死後生命，他們既然拒否了宇宙生命，同時破壞了生命，故連餓鬼界、畜生界也無法容納他們，罪大惡極，他們已全無生命的要素，只有進入此深黑的星球，不見天日，永無光明之日，別無他路可走。

在此處是比佛教所說的地獄更恐怖的場所。無光，也無出口，永遠黑暗。

——這是人生命狀態最惡劣的地方。

在此戰慄的世界，封鎖的就是那些納粹幹部的生命，以及核子戰爭推進者及破壞地球者的生命。他們或許還有「識」的存在，只能自悔自艾，但已永無脫離此束縛再轉而出生的可能。

結論——死是新生命的開始

我們已經達到了結論的階段了，我們所追求的題目、學說與思考，明確的告訴人，死後生命是存在的。

死後生命在轉世時，移向新生命，而帶來了來世。

不過來世的境涯可能與現世一樣，也可能比現世更好，或更惡劣，比現世更具魅力或比現世更醜……。甚且也有轉世人類以外生物的可能，或變成醜怪的宇宙生物。

反之，當然也有進入最高宇宙人的肉體，享受無上幸福的可能。若能到此境地，也有再轉世作地球上菩薩似的人物的可能，以致力於改善人類福祉。

當然以上所述的可能性，並非任何人所能決定的，也非被人強制的，這些可能性的選擇，終究是人自己的意志。即你現世每日生活中的每一行動、思考、想法均對你發生影響，將使你成為最高宇宙人，煩惱多的人類或動物，以至永閉在黑暗星球。

故最重要的就是人要尊重自己以及他人的生命，進而言之，即要抑制自私自利與獸性，不要做出傷害他人之事，解開愛恨情仇心結，學習慈悲喜捨心量。這些原則能否做到，關係人將來生命極大，人生命將銘刻善業或惡業，均與此有關，這是正確無誤的，以作為人來世的依據。

因之，生與死相連，死與生相繫。兩者並非毫無瓜葛，只是生命狀態不同罷了。即死並非生命終點，而是新生命的出發點。只是你來世將出發到何處，均與你今世的生活方式及是否尊重自我及他人的生命有關。

人今日能轉世為人類，過著人間的生活，已該值得慶幸與感謝了。與那些轉生作動物者相較，人的生命是幸福的，也是因為人前世積聚善業，才能生為萬物之靈的「人類」，這已是難能可貴。即使你現在在逆境中受苦，但比起那些人類以外的動物，您不覺得比它們好多了嗎？

人的貪婪之心永無滿足之時，就會像熊熊燃燒的野火一樣，毀掉一切美好的東西。記住：貪念多一分，則善心少一分。

既然我們出生做人類，就應該細細玩味人生，且進一步朝更高的人性目標邁進。

佛教最高先知有言：「人要有生命的充實感，勿傷害到他人，抑制自我，遵守生命原則，堅強地活著，這樣死而無憾——能這樣生活下去的人，他們將有一個充滿幸福的來世，這是可預見的。」

歡迎至本公司購買書籍

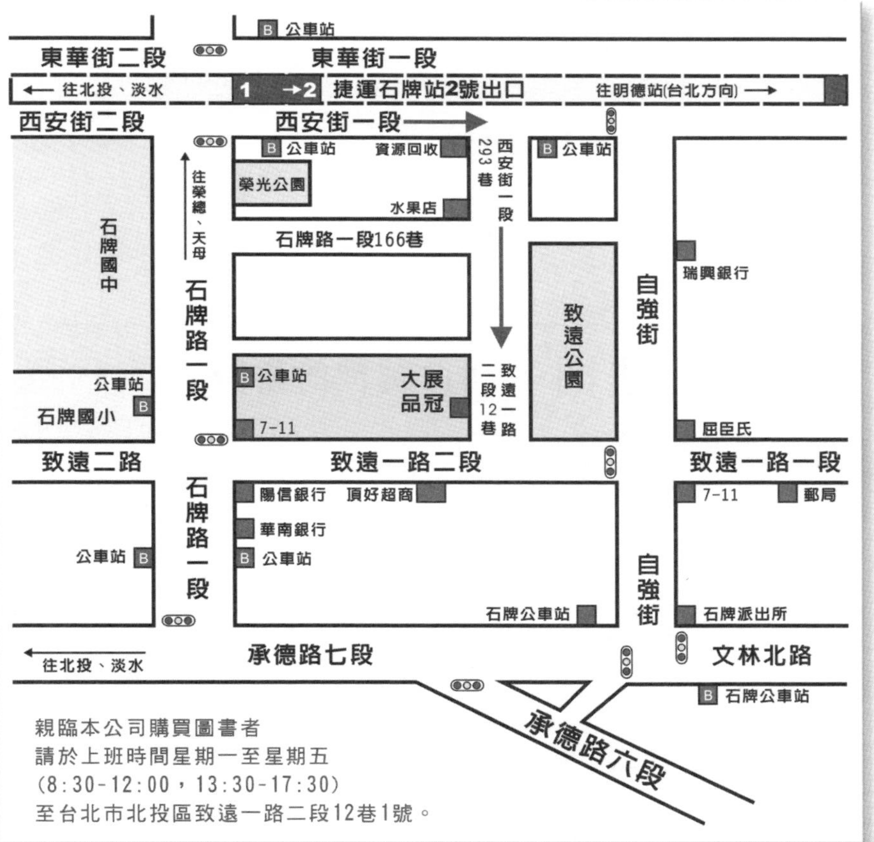

親臨本公司購買圖書者
請於上班時間星期一至星期五
(8:30-12:00，13:30-17:30)
至台北市北投區致遠一路二段12巷1號。

建議路線

1.搭乘捷運

淡水信義線石牌站下車，由月台上二號出口出站，二號出口出站後靠右邊，沿著捷運高架往台北方向走(往明德站方向)，其街名為西安街，約80公尺後至西安街一段293巷進入(巷口有一公車站牌，站名為自強街口，勿超過紅綠燈)，再步行約200公尺可達本公司，本公司面對致遠公園。

2.自行開車或騎車

由承德路接石牌路，看到陽信銀行右轉，此條即為致遠一路二段，在遇到自強街(紅綠燈)前的巷子左轉，即可看到本公司招牌。

國家圖書館出版品預行編目資料

輪迴法則——生命轉世的秘密／陳成玉　編譯
——初版——臺北市，大展，2020 [民109.12]
面；21公分——（宗教・數術；6）
ISBN 978-986-346-318-4　（平裝）
1.輪迴　2.靈魂
216.9　　　　109015733

輪迴法則——生命轉世的秘密

編著者／陳　成　玉
責任編輯／辛　　竹
發行人／蔡　森　明
出版者／大展出版社有限公司
社　址／台北市北投區（石牌）致遠一路2段12巷1號
電　話／(02) 28236031・28236033・28233123
傳　真／(02) 28272069
郵政劃撥／01669551
網　址／www.dah-jaan.com.tw
E-mail／service@dah-jaan.com.tw
登記證／局版臺業字第2171號
承印者／傳興印刷有限公司
裝　訂／佳昇興業有限公司
排版者／千兵企業有限公司
初版1刷／2020年（民109）12月

定　價／230元

大展好書　好書大展
品嘗好書　冠群可期

大展好書　好書大展
品嘗好書　冠群可期